Dorothee Fleischmann und Carolina Kalvelage

111 Orte an der Costa Brava, die man gesehen haben muss

emons:

Bibliografische Information der Deutschen Nationalbibliothek
Die Deutsche Nationalbibliothek verzeichnet diese Publikation
in der Deutschen Nationalbibliografie; detaillierte bibliografische
Daten sind im Internet über http://dnb.d-nb.de abrufbar.

© Emons Verlag GmbH
Alle Rechte vorbehalten
© der Fotografien: Dorothee Fleischmann und Carolina Kalvelage
Gestaltung: Eva Kraskes, nach einem Konzept
von Lübbeke | Naumann | Thoben
Kartografie: altancicek.design, www.altancicek.de
Kartenbasisinformationen aus Openstreetmap,
© OpenStreetMap-Mitwirkende, ODbL
Druck und Bindung: Grafisches Centrum Cuno, Calbe
Printed in Germany 2015
ISBN 978-3-95451-561-5
Originalausgabe

Unser Newsletter informiert Sie
regelmäßig über Neues von emons:
Kostenlos bestellen unter
www.emons-verlag.de

Vorwort

Wie hat Salvador Dalí die Sonnenstrahlen auf sein Gesicht gezaubert, und wo hat Gala ihre Liebhaber empfangen? Wie kommt die Wurst in den Automaten, und warum kann eine Karawane von Kamelen auf einem Nadelöhr laufen? In welchem Ort gibt es die schönsten Laternen, und wie heißen die leckersten Gebäcksorten? Was hat es auf sich mit Placomusopholie und mit der kleinen Löwin von Girona? Es gibt unglaublich viele Geheimnisse an der Costa Brava zu entdecken und aufzudecken – dieses Buch führt direkt dorthin.

Costa Brava, das ist die »wilde Küste« zwischen Blanes und Portbou. Doch wild heißt die Küste nicht, weil hier so viel los ist, sondern weil sie einzigartig ist: mit ihren schroffen Felsen, den Winden, die über das Land brausen, der Vegetation und dem Meer. Wie die Küste, so ist die ganze Region: Schon wenige Kilometer im Hinterland gibt es unbekannte Orte und Besonderheiten zu entdecken. Viele interessante Menschen haben hier gelebt, nicht nur wild, sondern auch tapfer und eigenwillig. Und es gibt eine unglaublich reiche Natur: hügelige Felder und Wälder, Berge und Vulkanlandschaften, Dörfer mit alten Steinhäusern, krummen Brücken oder wackeligen Hängebrücken, Pinien- und Korkwälder, Wein- und Reisanbau, spektakuläre Ausblicke und natürlich auch wunderbare Strände und Buchten.

Darüber hinaus hat die Costa Brava Orte, die nur wenige Besucher erwarten: Hier kochte einst ein Sternekoch in einer einsamen Bucht, hier lebte Salvador Dalí extrovertiert, aber auch zurückgezogen, hier wohnten Schriftsteller und Künstler, hier gibt es moderne und geschichtsträchtige Lokale, die köstlichsten Spezialitätengeschäfte, Wurstautomaten und verrückte Boutiquen. Und die Vergangenheit hat eindrucksvolle Spuren hinterlassen: eine Bibliothek mit Hunderten von »Don Quichotte«-Ausgaben, unvergleichliche Jugendstilgebäude, Brücken von Gustave Eiffel, alte Stadtmauern, die neue Ausblicke eröffnen, oder ein altes Schlachthaus mit neuer Funktion.

Wir sind begeistert von der Vielfalt dieser unbeschreiblich schönen wilden Küste.

111 Orte

1 __ Die Fischerhäuschen | Banyoles
   Am einzigen natürlichen See Kataloniens | 10

2 __ Das Museum Darder | Banyoles
   Spektakuläres Ausstellungsstück | 12

3 __ Die Boutique Karmaflow | Begur
   Handgefertigter Hippielook | 14

4 __ Die Häuser der Heimkehrer | Begur
   Kubanische Einflüsse | 16

5 __ Das Haus von Herrn Puig | Begur
   Café mit besonderer Atmosphäre | 18

6 __ El Jardí de Can Marc | Begur
   Bar mit Aussicht | 20

7 __ Mas Pinc | Begur
   Das Haus der vielen Stimmen | 22

8 __ Der Parador von Aiguablava | Begur
   Eine Terrasse hoch oben über dem Meer | 24

9 __ Die Brücke mit Knick | Besalú
   Überwältigende Dimension | 26

10 __ Das Museum der Miniaturen | Besalú
   Kleiner geht nicht | 28

11 __ Der Wurstautomat | Besalú
   Hier geht es um die Wurst | 30

12 __ Carlos Faust | Blanes
   Pflanzen aus Leidenschaft | 32

13 __ Die Bar Boia Nit | Cadaqués
   Ein Platz, den keiner gern wieder hergibt | 34

14 __ Das Café de la Habana | Cadaqués
   Jeden Abend Livemusik | 36

15 __ Das Hostal | Cadaqués
   Künstlertreffpunkt | 38

16 __ Die Pflastersteine | Cadaqués
   Wenn Steine reden könnten ... | 40

17 __ Die Rebaixas | Cadaqués
   Sich schmücken macht Spaß! | 42

18 __ Die Taps Dolcos | Cadaqués
   Süße Verlockung | 44

19	Waiting for Richard | Cadaqués	
	Eine Boutique mit Geschichte | 46	
20	Vichy Catalan | Caldes de Malavella	
	Wasser satt | 48	
21	Die Wasserquellen | Caldes de Malavella	
	In einer dekorativen Badeanstalt | 50	
22	Die Camí de Ronda | Calella	
	Zu Fuß an der wilden Küste unterwegs | 52	
23	Das Kontrastprogramm | Camprodon	
	Sommerfrische im Landesinneren | 54	
24	Am Cap de Creus | Cap de Creus	
	Das Licht am Ende der Welt … | 56	
25	Die Vulkanlandschaft | Castellfollit de la Roca	
	Spektakulärer Ort | 58	
26	Die Basilika Santa Maria | Castelló d'Empúries	
	Die zwölf Apostel | 60	
27	Das ehemalige Gefängnis | Castelló d'Empúries	
	Kalte Schauer auch an heißen Tagen | 62	
28	Das Mehlmuseum | Castelló d'Empúries	
	Es klappert die Mühle am rauschenden Bach | 64	
29	Die Brücke von Colera | Colera	
	Ein Werk von Gustave Eiffel | 66	
30	Can Rubies | El Port de la Selva	
	Mar y muntana | 68	
31	Das Weinbaugebiet Empordà | Espolla	
	Wo Wind und Sonne Früchte gedeihen lassen | 70	
32	El Caganer | Figueres und andere Orte	
	Krippen auf Katalanisch | 72	
33	Die Casa Empordà | Figueres	
	Ausstellungen im Schlachthaus | 74	
34	Das Castell de Sant Ferran | Figueres	
	Das größte Bauwerk in Katalonien | 76	
35	Das Denkmal | Figueres	
	Dalí war vermutlich sein größter Verehrer | 78	
36	La Pau | Figueres	
	Unerwartete Illustrationen | 80	
37	Pep Venturas Denkmal | Figueres	
	Sardanatänzer, vereint im Reigen | 82	
38	Die Rambla | Figueres	
	Straße zum Meer | 84	

39___ Das Spielzeugmuseum | Figueres
Unterhaltung für jede Generation | 86

40___ Auf der alten Stadtmauer | Girona
Besondere Ausblicke und Eindrücke | 88

41___ Die Barocktreppe | Girona
Ein Weg zum höchsten Punkt der Stadt | 90

42___ Das Blumenfest | Girona
Bunte Überraschungen in der ganzen Stadt | 92

43___ Die Farinera Teixidor | Girona
Masós eindrucksvollstes Gebäude | 94

44___ Die Farmàcia Saguer | Girona
Ein Blick ins Innere führt in die Vergangenheit | 96

45___ Das Filmmuseum | Girona
Wie Licht Bewegung erzeugt | 98

46___ Das Hostal Bellmirall | Girona
Viel Liebe zum Detail | 100

47___ Das Eisenhündchen | Girona
Mit Hund in Spanien unterwegs | 102

48___ Die kleine Löwin | Girona
Küsse auf das Hinterteil | 104

49___ Die Universität | Girona
Studieren, wo andere Urlaub machen | 106

50___ Vol Espai Gastronòmic | Girona und andere Orte
Neues Essen über dem Fluss | 108

51___ Xuixo | Girona
Crema Catalan zum Frühstück | 110

52___ Die Wasserfontäne | La Bisbal d'Empordà
Facettenreicher Ort | 112

53___ Das Exilmuseum | La Jonquera
Tristesse an der Grenze | 114

54___ A la gente del mar | L'Escala
Denkmal für die Menschen vom Meer | 116

55___ Das Anchovismuseum | L'Escala
Geschichten von Sardinen und Salz | 118

56___ Das Hostal Empúries | L'Escala
Stilish und umweltbewusst am Strand | 120

57___ Die Illes Medes | L'Estartit
Für Taucher die erste Adresse an der Costa Brava | 122

58___ Das Dorf von Tom Sharpe | Llafranc
Wirkungsstätten des britischen Schriftstellers | 124

59   Der Friedhof | Lloret de Mar
Dem Himmel so nah … | 126

60   Das mittelalterliche Dorf | Monells
Idyllischer Platz | 128

61   Gluki macht glücklich | Olot und Girona
100 Prozent Schokolade | 130

62   Die Fundacion Josep Pla | Palafrugell
Die Seele der Costa Brava | 132

63   Vins i licors Grau | Palafrugell
Weinangebot der Superlative | 134

64   Die Welt der Korkarbeiter | Palafrugell
Arbeit mit positivem Nebeneffekt | 136

65   Die Altstadt | Palamós
Mehr als nur Fisch | 138

66   Die Bar »Casa del Mar« | Palamós
Männersache | 140

67   Der Hafen von Palamós | Palamós
An einem ruhigen Morgen | 142

68   Die Reisfelder | Pals
Seit vielen Jahrhunderten | 144

69   Stauseen und Tafelberge | Pantà de Sau, Pantà de Susqueda und Tavertet
Erstaunliche Landschaft | 146

70   Die Bibliothek im Castell | Peralada
»Don Quijote« in 1.000-facher Ausführung | 148

71   Das Glasmuseum | Peralada
Faszination pur: Buddelschiff mit Altar | 150

72   Der Park von Peralada | Peralada
Unrealistisch geplant | 152

73   Das El Pati | Peratallada
Walnussbäume können glücklich machen | 154

74   Der Strand bei Palamós | Platja del Castell
Eine feine Perle am Mittelmeer | 156

75   Der Bahnhof über dem Dorf | Portbou
Hier wurden Schicksale entschieden | 158

76   Walter Benjamins Denkmal | Portbou
Erinnerung an eine dunkle Zeit | 160

77   Die Boote | Portlligat
Gala für immer | 162

78   Dalís Zuhause | Portlligat
Vom Fischer und seiner Frau | 164

79   Der Garten Dalís | Portlligat
       Surrealistisch und verträumt | 166

80   Das Schloss Púbol | Púbol
       Die Kleider Galas | 168

81   Die Wiege Kataloniens | Ripoll
       Ripoll und Wilfried der Haarige | 170

82   Die Büste von Mercè Rodoreda | Romanyà de la Selva
       Kataloniens bekannteste Schriftstellerin | 172

83   Coll de Roses | Roses
       Multimediale Weinlektion | 174

84   Das El Bulli | Roses
       Sterneküche an der Bucht Montjoi | 176

85   Die Hängebrücke | Rupit
       Nur begrenzt tragfähig | 178

86   Das Schwimmbad | Rupit
       Baden mit schöner Aussicht | 180

87   Die Badehäuser | S'Agaró
       Klein aber fein | 182

88   Die Gartenstadt | S'Agaró
       Schönheit und Beständigkeit | 184

89   La Font Picant | Santa Christina d'Aro
       Wo früher Züge ankamen und abfuhren | 186

90   Die alte Schmalspurbahn | Sant Feliu de Guíxols
       Aus dem Bahnhof wurde eine Schule | 188

91   Die Casinos | Sant Feliu de Guíxols
       Miteinander und nicht gegeneinander | 190

92   Die Einsiedelei Sant Elm | Sant Feliu de Guíxols
       Als die Costa Brava ihren Namen bekam | 192

93   Das erste Ayurveda-Hotel | Sant Feliu de Guíxols
       Die besten Zeiten sind vorbei | 194

94   Die Korkeichen | Sant Feliu de Guíxols
       Korkgewinnung an der Küste | 196

95   Die Laternen | Sant Feliu de Guíxols
       Seenotrettung an der wilden Küste | 198

96   Die museumsreifen Deckel | Sant Feliu de Guíxols
       Die Welt der Placomusopholie | 200

97   Der Wackelstein | Sant Feliu de Guíxols
       Ein ungewöhnliches Naturdenkmal | 202

98   Das Dorf mit Ausblick | Sant Martí d'Empúries
       Eine Offenbarung an der Küste | 204

| 99 | Die Alm | Sant Marti Sacalm
Absolute Einsamkeit | 206
| 100 | Die Einsiedelei der Engel | Sant Marti Vell
Himmlische Aussicht | 208
| 101 | Die Bar Che | Sant Pere Pescador
Am Strand von Aiguamolls | 210
| 102 | Die Bucht Sa Riera | Sa Riera
Gut gestrandet | 212
| 103 | Das Konfitürenmuseum | Torrent
Zitronengelee und Erbsenminzeaufstrich | 214
| 104 | Genussvolle Orte | Torroella de Montgrí
Liebe auf den zweiten Blick | 216
| 105 | Matsata | Torroella de Montgrí
Halsketten in Bilderrahmen | 218
| 106 | Die Sardana | Torroella de Montgrí
Der heilige Sant Antoni | 220
| 107 | Die Casa Sans | Tossa de Mar
Überwältigende Jugendstilvilla | 222
| 108 | Die Skulptur von Ava Gardner | Tossa de Mar
Der eifersüchtige Frank Sinatra | 224
| 109 | Die alte Siedlung | Ullastret
Mit wunderbarer Lage und Sicht | 226
| 110 | Der Käse der Costa Brava | Ullastret und andere
Eine besondere Errungenschaft | 228
| 111 | Das Castell de Quermançó | Vilajuïga
Ein musikalischer Wind | 230

1 Die Fischerhäuschen

Am einzigen natürlichen See Kataloniens

Der Estany de Banyoles gilt als der größte natürliche See Kataloniens. Er wird unterirdisch von Wasser aus den Bergen gespeist, hat aber noch eine andere Besonderheit zu bieten: An seinen Ufern liegen hübsche bunte Fischerhäuschen, die Ende des letzten Jahrhunderts hier errichtet wurden. Früher hat man sie nur zum Angeln genutzt, unterhalb der Häuser fanden ein oder zwei Boote Platz. Später wurde hier auch gebadet.

Insgesamt gibt es 20 Häuschen. Sie verleihen einem Spaziergang um den See eine ganz besondere Atmosphäre, denn sie sind einmalig hübsch, haben Terrassen und stegartige Wege und sind weiß gestrichen, bis auf die Türen, Zäune und Fensterläden, die in verschiedenen Farben leuchten.

Hier ist selten Bewegung oder Leben zu sehen, doch die Häuser sollen sich heute in Privatbesitz befinden und gelten als eine Art Erkennungszeichen des Sees.

In einem der »pesqueres« befindet sich die Touristeninformation, Bootstouren, die Besucher auf dem See unternehmen können, starten ebenfalls hier, und auch der Tren Pinxo, eine kleine Lokomotive, die auf einer 50-minütigen Fahrt durchs historische Zentrum von Banyoles zuckelt, beginnt hier seine Tour.

Am Wasser gibt es einen Weg, auf dem man den See gut zu Fuß oder mit dem Fahrrad umrunden kann. Die Strecke beträgt circa acht Kilometer. Startet man in südlicher Richtung, passiert man erst einen Abschnitt mit vielen Trauerweiden (Els Desmais) und nach einer halben Stunde Fußmarsch den kleinen Ort Porqueres mit seiner schönen romanischen Kirche Santa Maria. Der See ist auch beliebter Trainingsort für Ruderer, man kann Wasserski oder Kanu fahren, und das Angeln ist ebenfalls erlaubt. 1992 wurden hier die olympischen Ruderwettbewerbe ausgetragen und 2004 die Ruderweltmeisterschaften. Es gibt drei Badestellen am See, eine davon ist das alte Freibad Bany Vells.

Adresse Passeig Darder, 17820 Banyoles | **Anfahrt** Von Girona auf der C-66 Richtung Banyoles. Der C-150a durch den Ort folgen und nach dem Zentrum links in die Carrer de les Rotes, die zum Passeig Lluis Maria Vidal wird und am See entlangführt. Eine Straße zum See ist schon vorher ausgeschildert und führt direkt zur Touristeninformation. | **Tipp** Zum Freibad Bany Vells – Passeig LLuis Maria Vidal, 1 – gehört auch das gleichnamige Restaurant. Auf einem Steg stehen die begehrtesten Tische, es gibt Tapas und Fingerfood.

BANYOLES

2 Das Museum Darder
Spektakuläres Ausstellungsstück

Die Ausstellungen im Naturkundemuseum von Banyoles über die Flora und Fauna der Region erfreuen sich nur mäßiger Begeisterung. Doch es gab eine Zeit, da kamen aus den unterschiedlichsten Himmelsrichtungen Spaniens Besucher, um die größte Attraktion des Museums zu sehen. Das Objekt mit der Nummer 1004 gelangte sogar in die weltweite Presse. Es handelte sich dabei um den ausgestopften Buschmann »El Negre«. Dieser sah nicht nur deshalb verblüffend echt aus, weil seine Haut regelmäßig mit schwarzer Schuhcreme eingerieben wurde – sondern weil er ein echter Mensch war! Er war 1831 heimlich von einem französischen Geschäftsmann ausgegraben und nach Europa gebracht worden. Der Leichnam wurde präpariert, ausgestopft, mit Lendenschurz, Speer und Schild verkleidet und schließlich in die Museumsvitrine befördert. Vorher wurde er noch auf der Weltausstellung in Barcelona präsentiert. Eine unvorstellbare Geschichte, die allmählich in Vergessenheit gerät.

»El Negre« sorgte einige Jahre lang für Schlagzeilen. Es dauerte zwar ewig, doch im Jahr 1991 fing die Öffentlichkeit endlich an, sich über den ausgestopften Buschmann zu erregen. Als aufgedeckt worden war, dass es sich um einen Menschen handelte, setzte sich ein aus Haiti stammender spanischer Arzt für die Überführung des Afrikaners in seine Heimat ein. Die Presse, das Museum und der Arzt lieferten sich fortan einen aufsehenerregenden Kampf. Die ausgefallenste Idee in diesem Streit kam vom Bischof aus Tarragona, der vorschlug, einen ausgestopften Weißen neben den Schwarzen zu stellen, um so für Gleichberechtigung zu sorgen.

Erst im Jahr 2000 wurde »El Negre« in seine Heimat nach Botswana überführt.

Die Bürger von Banyoles wehrten sich gegen den Abtransport, sodass der Direktor den Transfer heimlich in der Nacht durchführte. Bald darauf wurde das Museum geschlossen. Heute werden naturwissenschaftliche Ausstellungen gezeigt.

Adresse Darder Museum, Plaça dels Estudis, 2, 17820 Banyoles Tel. +34 972/574467, www.museusdebanyoles.cat | **Anfahrt** Von Girona auf der C-66 Richtung Banyoles. Der C-150a durch den Ort folgen bis zur Straße Carrer Canal (rechts abbiegen). Das Museum liegt an der nächsten Ecke. | **Öffnungszeiten** Juli, Aug. Do–Sa 10.30–13.30 und 16–19.30 Uhr, So 10.30–14 Uhr; Sept.–Juni Sa 10.30–13.30 und 16–18.30 Uhr, So 10.30–14 Uhr | **Tipp** Etwas skurril, aber in einer landschaftlich reizvollen Umgebung befindet sich der Skulpturenpark »Can Ginebreda«. Zu erreichen über die GIV-5132 Richtung Vilademuls. Viele Skulpturen sind phallischer Natur!

3 — Die Boutique Karmaflow
Handgefertigter Hippielook

Begur hat nicht nur kubanische Häuser, nette Cafés und Bars, sondern auch außergewöhnliche Geschäfte. Eins davon, wenn nicht gar das interessanteste, ist die Boutique Karmaflow, schräg gegenüber der Kirche. Klein, aber originell ist der Laden, denn es gibt ausgewählten Hippie-Chic. Handgenähte Hotpants komplett mit Pailletten bestickt, Lederwesten mit langen Fransen, Gürtel mit enormen Schnallen, auf denen Jesus oder andere Motive prangen, Schuhe, Schmuck und Taschen – alles im Flowerpower-Boho-Stil. Hippies und Gipsys sei Dank für ihre Inspirationen. Fröhliche Farben, verrückte Schnitte, kraftvolle Motive, ausgefallenes Design. Und die all diese Dinge umgebende Atmosphäre geht augenblicklich auf den Besucher und die potenziellen Käufer über.

Die Eigentümerin von Karmaflow, Mireia Gibert Baro, kennt die Modewelt und hat selbst lange in der Branche mitgewirkt. In den 90ern lebte sie mehr als acht Jahre in einer New Yorker Wohngemeinschaft von Künstlern und arbeitete als Modefotografin für viele renommierte Magazine. Bereits in dieser Zeit entstand die Idee zu Karmaflow. Von vielen Reisen und Fotografien inspiriert, lernte sie neue Welten, Menschen und Designer kennen – ob Indianer, Inder oder Tibeter. Besonders fasziniert war sie von den Farben –, und sie fing bald an, ihre eigenen Kreationen zu verwirklichen.

Inzwischen gibt es den Laden in Begur und einen Flower-Power-Internet-Versandhandel, der schon beim Ansehen gute Laune macht. Entscheidend für Mireira Gibert ist einerseits das Revival des Hippie- und Gipsy-Stils, andererseits die Qualität. Für sie stehen hochwertige und natürliche Stoffe wie Baumwolle und Leder an vorderster Stelle.

Den Laden in Begur hat sie seit 2002, und den sollte sich kein Besucher entgehen lassen, denn Karmaflow inspiriert sicher. Und auf ein positives Karma folgt auch meistens unweigerlich eine Handlung. Let it flow …

Adresse Karmaflow, Plaça de L'Església, 10, 17255 Begur, Tel. +34 644/437036, www.karmaflow.net | **Anfahrt** Auf der GI-653 von Palafrugell Richtung Begur, direkt nach dem Kreisel am Ortseingang rechts in die Av. de L'Onze de Septembre, im Parkhaus parken. Schräg gegenüber führt die Carrer Ventura Sabater Richtung Kirche. Gleich danach auf der linken Seite ist das Geschäft. | **Öffnungszeiten** täglich 10.30–14 und 17–20.30 Uhr | **Tipp** Im Zentrum von Begur hat der Laden »Viva Bombay« – Plaça Comas i Ros, 1 – ein ähnlich interessantes Angebot mit Dingen zum Wohlfühlen (Kleider, Kissen, Accessoires). Auf der Straße in Richtung Palafrugell befindet sich das dazugehörige Outlet von »Viva Bombay« – Carrer de la Metalúrgia, 2, 17200 Palafrugell.

4 Die Häuser der Heimkehrer
Kubanische Einflüsse

Es gibt sogar Parkplätze, die einen wunderbaren Ausblick bieten. Wie jener am Rande von Begur. Denn von hier und der angrenzenden Straße, die ins Zentrum führt, sind die »Casas Indianas« besonders gut zu sehen. Es handelt sich dabei nicht um Wigwams oder Häuser von Indianern, sondern um prachtvolle Villen, die sich wohlhabende Spanier bauen ließen. Der Wohlstand dieser Familien kam nicht aus der eigenen Heimat, sondern aus Kuba. Dorthin waren sie ausgewandert, um ihr Glück zu versuchen, und oft mit viel Geld zurückgekehrt. Nun konnten sie sich endlich ihren Traum vom eigenen Haus verwirklichen und brachten so die vielen Eindrücke und den Stil aus Kuba an die Costa Brava.

Wie zum Beispiel die Brüder Josep und Pere Carreras Pi. Sie hatten in Havanna ein Lebensmittelgeschäft und eine Bäckerei und waren erfolgreiche Geschäftsmänner. Als sie nach Begur zurückkehrten, baute Josep sich hier sein Haus »Casa Josep Pi Carreras«. Es sieht von vorne gar nicht so eindrucksvoll aus, die Größe und der Garten sind von der Rückseite viel besser zu erfassen. In Begur (aber auch in Cadaqués, Figueres und vielen anderen Orten an der Costa Brava) gibt es einige dieser Häuser im kubanischen Stil, die Zeugnis vom Reichtum der Heimkehrer geben: Josep Forment ließ sich seine Initialen ins Balkongeländer eingravieren, andere haben reichhaltige Malereien an der Fassade oder Fresken an Decken und Wänden.

Zudem haben die Heimkehrer Musik mitgebracht. Es sind traurige katalanische Seemannslieder, die von den Überfahrten ins Ungewisse erzählen und von der Sehnsucht der Auswanderer nach ihrer Heimat. Diese Lieder werden an der Costa Brava an einigen Orten zelebriert. Die Habaneres in Cadaqués und Palafrugell gehören zu den Highlights an der Küste und werden vom Fernsehen übertragen. Die Spanier lieben das kubanische Erbe.

Adresse Camí del Mar, 17255 Begur | **Anfahrt** Der GI-653 von Palafrugell Richtung Begur folgen und direkt nach dem Kreisel am Ortseingang rechts in die Av. de L'Onze de Septembre abbiegen. Nach circa 100 Metern links zur Camí del Mar, dieser folgen bis zum Parkplatz. | **Tipp** Jedes Jahr im September werden in Begur die Fira d'Indians gefeiert. Das Zentrum verwandelt sich dann in einen großen Markt mit Produkten aus Übersee und vielen musikalischen Darbietungen.

5 _ Das Haus von Herrn Puig
Café mit besonderer Atmosphäre

Das Haus von Herrn Puig steht in Begur, an der Ecke des Kirchplatzes, in der Carrer Ventura Sabater, und wurde im kubanischen Stil im Jahr 1827 gebaut. Herr Puig selbst war nie in Kuba, sondern nur vom Stil ähnlicher Häuser angetan.

Das Schöne an diesem Haus ist, dass es jederzeit zugänglich und »zu besichtigen« ist. Denn heute befindet sich hier ein besonderes Lokal, das Café Begú. Von außen fällt es nicht sofort auf, denn die Fassade ist eher nüchtern gehalten, aber es hat eine angenehme Ausstrahlung und besticht durch sein außergewöhnliches Innenleben. Die Wände schmücken bunte Tapeten in gedeckten Farben, die Decken sind mit Verzierungen und Malereien versehen, die noch vom Bauherren Sebastian Puig Carreras stammen. Es gibt schlichte Lampen, deren Licht ein besonderes Ambiente zaubert, zeitlose Tische und Stühle und einen Innenhof mit großen vergoldeten Spiegeln.

Geführt wird das Café von einem jungen Team. David und Sandra haben das alte Haus im Sanierungszustand übernommen und in ein Café umgewandelt, das nicht nur durch die Art-déco-Elemente im Interieur besticht (dafür sind Sandra und ihre Schwester verantwortlich), sondern auch durch eine besondere Karte, regelmäßig stattfindende Konzerte (von Jazz und Boogie bis hin zu kubanischen Rhythmen) und eine gute Atmosphäre. Die oberen Stockwerke werden noch ausgebaut, sodass zukünftig auch Veranstaltungsräume zur Verfügung stehen.

Hier ist es kein Problem, einen Nachmittag zu vertrödeln, Tapas zu essen und seinen ersten Wein zu trinken. Das Café Begú ist auch sehr an einem Regentag zu empfehlen, denn es macht Spaß, das Kommen und Gehen zu beobachten – die meisten Besucher Begurs kommen an diesem Platz vorbei. Die erste Etage ist noch schöner als das Erdgeschoss. Doch leider gelingt es nicht jedem, sich an der Belegschaft vorbeizumogeln, denn die lässt ungern Besucher hinauf.

Adresse Café Begú, Carrer Ventura Sabater, 1, Begur, Tel. +34 972/623648, www.cafebegu.cat | **Anfahrt** Auf der GI-653 von Palafrugell Richtung Begur, direkt nach dem Kreisel am Ortseingang rechts in die Av. de L'Onze de Septembre, im Parkhaus parken. Schräg gegenüber geht es in die Carrer Ventura Sabater. | **Öffnungszeiten** So–Do 8.30–24 Uhr, Fr und Sa 8.30–2 Uhr | **Tipp** Direkt neben dem Café ist die »Pedrís Llarg« zu sehen, eine sehr lange Steinbank entlang der gesamten Kirchenfassade. Sie ist von großer Bedeutung in Begur, da sich hier seit Jahrhunderten die Einwohner trafen und austauschten.

6 — El Jardí de Can Marc
Bar mit Aussicht

Umgeben von einer hohen weiß getünchten Mauer, die mit einigen rankenden schwarzen Blättern und Cocktailgläsern verziert ist, direkt neben der Aussichtsplattform mit der Statue der Flamencotänzerin Carmen Amaya, liegt in der Straße Carrer de la Creu Nummer 10 ein Garten. Hier befindet sich eine gepflegte Anlage mit Swimmingpool, Tischen und Stühlen und einer Bar. Die Lage, das Ambiente, die Musik, die Cocktails, die Tapas und weitere außergewöhnlich gereichte Fingerfoods unterscheiden diesen Ort womöglich von allen anderen Bars an der Costa Brava.

Das Lokal wurde im Sommer 2014 eröffnet. Eigentümerin ist Laura Alsina, die gemeinsam mit ihren beiden Söhnen dem »Can Marc« zu neuem Leben verholfen hat. Das Haus haben bereits ihre Großeltern bewohnt, den Namen erhielt es vom Urgroßvater Marc, der es vor vielen Jahren kaufte. Lauras Mutter hatte hier ein Lokal, später eine Galerie. Bis 2007 war es eine Diskothek, danach geschlossen und wurde jüngst renoviert. Es erstrahlt in völlig neuem Glanz, und alles zeugt von gutem Geschmack.

El Jardí de Can Marc liegt oberhalb von Begur und bietet einen wunderbaren Ausblick über die Stadt bis zur Burgruine. Der Garten ist ein Platz zum Relaxen, zum Launchen, und Trinken, Unterhalten oder Schwimmen. Die Familie von Laura hat sich gemeinsam entschlossen, diesen wunderbaren Ort der Öffentlichkeit zugänglich zu machen, und der erste Sommer zeigte eine durchweg positive Resonanz. Die Bar hat bis drei Uhr nachts geöffnet und bietet viele bekannte und unbekannte Cocktails mit lokalen Produkten und Aromen. Das Personal ist aufmerksam und freundlich, manchmal etwas cool. Die Tapas werden zuweilen in besonderen Behältern wie Sardellendosen gereicht.

Auf jeden Fall aber ist El Jardí de Can Marc für Erwachsene ab 18 Jahren. Das Lokal wird nur in den Sommermonaten betrieben, im Winter wird das Anwesen von der Familie privat genutzt.

Adresse El Jardí de Can Marc, Carrer de la Creu, 10, 17255 Begur, Tel. +34 972/623119, www.canmarc.cat | **Anfahrt** Begur stadtauswärts Richtung Llafranc (GIP-6531). An der Plaça Forgas parken, abwärts laufen. Links, gleich hinter der Statur Carmen Amaya, folgt das Can Marc. | **Öffnungszeiten** nur Juli–Sept. ab 20 Uhr | **Tipp** Eine Institution unter den Bars in Begur ist »La Lluna«. Die Bar befindet sich im Zentrum in der Carrer Conceptió Pi i Tató und geht über mehrere Etagen.

7 Mas Pinc
Das Haus der vielen Stimmen

Warum sind die Fenster geschlossen, keine Stimmen und Musik zu hören? Wäsche flattert auch nicht im Wind. Was ist aus dem einst so lebendigen Haus geworden, in dem vor vielen Jahren zeitweise bis zu 30 Personen lebten? Eine ganze Sippe, die Familie einer berühmten Frau, die es – auf dem Gipfel ihres Ruhmes angekommen – an die Costa Brava gezogen hatte. Sie liebte die Region, die Küste und das hügelige Hinterland.

Die Flamencotänzerin Carmen Amaya ließ sich hier nieder, als ihre Kräfte nachließen und sie von ihrer unheilbaren Krankheit bereits gezeichnet war. Sie litt von Geburt an einer Fehlfunktion der Nieren. Für eine Tänzerin mit ihrem Temperament und enormen Krafteinsatz bedeutete dies das Todesurteil. Ihr Mann, der Sänger Juan Antonio, suchte das Haus für sie aus. Sie pendelte zwischen Engagements, Arztterminen und Mas Pinc. Carmen Amaya war gerade 50 Jahre alt, als sie hier verstarb.

Eine letzte Vorstellung gab sie noch kurz vor ihrem Tod. Am 23. August 1963 kamen ihre Fans angereist, um sie noch einmal tanzen zu sehen. Es war eine Galaveranstaltung für die Gemeinde Begur, mit deren Erlös Scheinwerfer für die Beleuchtung des Schlosses finanziert werden sollten. Carmen Amaya und ihr Mann ernteten großen Beifall. Nein, Standing Ovations, einen bewegenden Abschiedsapplaus. Den konnte die Diva schon nicht mehr stehend entgegennehmen. Bis zu ihrem Tod im November kamen aus allen Teilen Spaniens und Europas ihre Freunde und Familienmitglieder angereist und schlugen in Mas Pinc ihr Lager auf. Auch Fotografen und Journalisten belagerten Begur bis zu ihrer Beerdigung.

Die Lebendigkeit fehlt hier heute, doch die Stille des Ortes ermöglicht das Eintauchen in die Vergangenheit. Mas Pinc wurde zuerst als Gedenkstätte für Carmen Amaya genutzt. Inzwischen ist das Institut für Meeresforschung eingezogen – und nur noch wenige kennen die einst berühmte Flamencotänzerin.

Adresse Carrer Mas d'en Pinc, 17255 Begur | **Anfahrt** Die GI-653 führt um Begur herum, Abzweig Richtung Bucht Aiguafreda; von dort ist Mas Pinc ausgeschildert. | **Öffnungszeiten** Das Grundstück ist frei zugänglich, das Haus kann jedoch nicht besichtigt werden. | **Tipp** Carmen Amaya tanzte wie eine Schlange. Das wird an der Statue deutlich, die oberhalb von Begur in der Carrer de la Creu ihr zu Ehren aufgestellt wurde. Von hier bietet sich ein wunderbarer Blick über den Ort und zur Burg.

8 Der Parador von Aiguablava
Eine Terrasse hoch oben über dem Meer

Eigentlich befinden sich die spanischen Paradores (Hotels) in alten und ehrwürdigen Gemäuern. Ganz anders ist es beim Parador Aiguablava. Dieser liegt weiß und mondän in circa 30 Metern Höhe auf steilen Felsen, unten von Wellen umspült. Es scheint ein wenig, als wäre hier oben auf der kleinen Halbinsel Punta d'es Muts ein riesiges Raumschiff gelandet. Die Einrichtung der großzügigen Hotellobby und überhaupt der unteren Etage stammt aus den 60er Jahren, viel Stein, viel Leder und Holz, alles etwas retro, aber in hochwertiger Qualität. Zeitweise fühlt man sich ein bisschen an James-Bond-Filme erinnert. Vom Parador aus führt extra eine lange Treppe direkt hinunter zur kleinen gleichnamigen Bucht. Dort gibt es einen schönen Sandstrand, das Wasser ist klar und wird nur allmählich tiefer.

Das Beste am Parador Aiguablava ist aber die Terrasse, die unbedingt einen Besuch wert ist! Dort sitzt man wie auf einem Adlerhorst, kann herumsegelnden Möwen fast in die Augen blicken und sie dabei beobachten, wie sie sich nach langem Kreisen gegenüber auf den Felsen niederlassen oder in die Tiefe stürzen, um sich einen Fisch zu schnappen. Dazu trinkt man seinen Café con leche oder nimmt einen Aperitif zu sich. Es führt eine kleine Straße direkt hinauf zum Parador, vor der sich unten eine Schranke befindet. Davon sollte man sich nicht abhalten lassen, sondern einfach kurz klingeln, denn für Hotelgäste, aber auch Besucher wird geöffnet.

Bei den Paradores handelt es sich übrigens nach wie vor um eine staatliche Hotelkette. Zu Beginn des letzten Jahrhunderts gegründet, hatten diese Hotels das Ziel, historisches Erbe zu erhalten und später dann, mit Anwachsen des Tourismus, auch weniger bekannte Regionen populär zu machen. 2012 wurde auf der Internationalen Tourismus-Börse bekannt gegeben, dass die Paradores zum Teil privatisiert werden sollen, weil die Kette hoch verschuldet ist.

Adresse Parador Aiguablava, Platja d'Aiguablava, 17255 Begur, Tel. +34 972/622162, aiguablava@parador.es | **Anfahrt** Von Begur über die GI-6532 Richtung Tamariú am Meer entlang. Oder von Palafrugell Richtung Tamariú auf der GIP-6531. Der Parador ist ausgeschildert. | **Tipp** Ein weiterer Parador mit spektakulärem Ausblick, in absoluter Ruhe, befindet sich oberhalb des Stausees von Sau, der Parador de Vic-Sau.

9 Die Brücke mit Knick
Überwältigende Dimension

Die Brücke von Besalú ist sensationell. Sie ist nicht nur sehens-, sondern unbedingt auch begehenswert. Das Spektakuläre an diesem überdimensionalen Bau besteht einerseits in dem Knick, andererseits in seiner Höhe und Länge. Denn der Ort Besalú, der seit 1966 zum Kulturgut Spaniens zählt, ist klein, mittelalterlich, hübsch und romantisch, die Brücke dagegen einfach gigantisch. Davon sollte sich jeder selbst überzeugen und das Bauwerk sehen, begehen und erleben.

Es liegt hoch über dem – nicht gerade reißenden – Fluss Fluvía. Auf der Puente de Besalú sind zwar viele Touristen unterwegs, doch das 105 Meter lange und circa fünf Meter breite Bauwerk ist außergewöhnlich. Ein Tor mit Turm gewährt den Zugang zur Brücke (die heute nur für Fußgänger gedacht ist) und gleichzeitig den Eingang in die wichtigste Stadt der früheren Grafschaft.

Im Mittelalter war Besalú ein Ort mit Bedeutung, womit sich zumindest ansatzweise die Dimension der Brücke erklären lässt. Da es zu dieser Zeit oft Hochwasser in der Region gab, wird auch die Höhe ein wenig plausibel. Häufig wurde die Brücke durch die Wassermassen beschädigt. Der Knick jedoch ist das Ergebnis verschiedener Bauphasen. Der erste Teil stammt aus dem 11. Jahrhundert, die Erweiterung aus dem 14. Jahrhundert. 600 Jahre später mussten große Teile der Brücke neu errichtet werden, denn im Spanischen Bürgerkrieg wurde sie fast völlig zerstört.

Das Bauwerk hat sieben Spitzbögen und ist durch zwei Türme geschützt. Die Türme dienten auf der einen Seite als Mautstation, auf der anderen zur Verteidigung des Stadtzugangs. In der Mitte steht ein weiterer Wehrturm. Zuweilen finden sich dort Musiker, die zwar keinen Wegezoll verlangen, an denen es sich aber nur schlecht vorbeimogeln lässt. Im Sommer in der Mittagshitze ist es eine echte Herausforderung, dieses lange Bauwerk zu überqueren, denn es gibt keinen Schatten.

Adresse Pont Vell, 17850 Besalú | **Anfahrt** Die Brücke ist nicht zu übersehen; direkt neben der C-66 und von der Altstadt aus kommend über die Carrer Pont Vell zu erreichen. | **Tipp** Es befindet sich das schöne Hotel »El Jardins de la Martana« mit Garten am Ende der Brücke (wo alle Busse halten). Eine andere sehenswerte Brücke befindet sich in Juan de las Abadesas – zwischen Ripoll und Camprodon (N-260). Die alte Brücke »Pont Vell« aus der Zeit der Gotik verläuft heute parallel zur neuen (die N-260 führt darüber) über den Fluss Ter.

10__Das Museum der Miniaturen
Kleiner geht nicht

Eigentlich passt es überhaupt nicht hierher, in diesen mittelalterlichen Ort, der durch seine Gebäude, Gassen, kleinen Läden und die Stimmung fasziniert. Doch irgendwie schafft es das Museum der Miniaturen, die Neugier zu wecken. Was kann in so einem Museum schon zu sehen sein? – Es ist erstaunlich viel und vor allem erstaunlich mini. Die Ausstellungsstücke sind so klein, dass sie mit dem bloßen Augen gar nicht zu erkennen sind. Deshalb gibt es hier auch so viele Mikroskope. Unter den Vergrößerungsgläsern offenbart sich eine besondere Welt. Wie ist es möglich, dass zum Beispiel mehrere Kamele durch ein Nadelöhr stolzieren? Oder dass eine kleine Lok mit ihren acht Waggons über ein Nadelöhr fahren kann?

Das Museum hat nur drei Räume: Im ersten sind Miniaturen ausgestellt, die das bloße Auge ohne Probleme erfassen kann, wie zum Beispiel eine kleine Apotheke, eine Puppenküche, ein Spielzeugladen oder ein Friseursalon. Im zweiten Raum wird es winzig: Die Arche Noah in einer Nussschale ist nur durch die Lupe zu erkennen. Ebenso wie eine Stierkampfarena mit ihren Akteuren. Und dann wird es unglaublich: Zwei Segelschiffe segeln am Rande eines Mückenflügels. Da hilft nur noch ein Mikroskop. Die Maßstäbe verändern sich von 1:12 bis nahezu ins Unendliche, wenn ein Elefant auf der Nadelspitze sein Tänzchen wagt. Jede Vergrößerung sorgt für eine Überraschung und ein Ah oder Oh.

Es bleiben letztendlich nur zwei Fragen offen: Wie kommen die Miniaturen da hin, und wie können solche kleinen Wunderwerke erschaffen werden? In jedem Fall ist dieses Museum bezaubernd und immer wieder erstaunlich. Für Kinder mit absoluter Sicherheit und für die meisten Erwachsenen bestimmt auch. Es dauert nur eine kurze Weile und die Besucher tauchen in eine andere Welt ein – die der Mikrominiaturen.

Adresse Pl. Prat de St. Pere, 15, 17850 Besalú, Tel. +34 972/591842, www.museuminiaturesbesalu.com | **Anfahrt** Die C-66 Richtung Besalú und dann ins Zentrum. Der C. Major folgen, bis diese Richtung Brücke abzweigt, dann rechts Richtung Kirche Sant Pere. Direkt dahinter liegt das Museum. | **Öffnungszeiten** Nov.–April 10–15 Uhr; Mai–Okt. 10–20 Uhr | **Tipp** Für Besucher, die Besalú schnell und intensiv kennenlernen wollen, bietet Ars Didactia individuelle Führungen durch den Ort an (www.arsdidactia.com).

BESALÚ

11 — Der Wurstautomat
Hier geht es um die Wurst

Die Katalanen haben einen speziellen Weltmeistertitel: Sie sind die Wurstweltmeister. Das geheime Zentrum dieses Rekordes liegt in der Region Garrotxa. Besonders bekannt und beliebt sind die katalanischen Würste in Eintöpfen. Weniger bekannt dagegen sind die katalanischen Würste in Automaten. Doch die gibt es auch, und ein ganz besonders schönes Exemplar steht in dem mittelalterlichen Dorf Besalú, gleich neben der dazugehörigen Metzgerei.

Klein, unauffällig und auch nicht außergewöhnlich ist die Metzgerei Juncà. Circa 1,50 Meter breit und 2 Meter hoch, aber dennoch auffällig ist dagegen der dazugehörige Automat. Denn der enthält weder Süßigkeiten noch Zigaretten. Nein, der Automat enthält Salami, Schinken oder Mortadella, Würste und Fleisch. Und dann noch einige Produkte, die die Fleischwaren perfekt ergänzen: Aioli, Bier, Wasser, Salsa und anderes. So einen Automaten gibt es vermutlich selten, in Besalú hat man ihn überhaupt nicht erwartet.

Doch hier scheint es um die Wurst zu gehen, denn nur wenige Schritte entfernt, an der Plaça de la Llibertat, folgt das Wurstmuseum »Museu de L'Embotit«. Es bietet nicht nur einen Einblick in die traditionelle Herstellung, sondern auch einen Laden, in dem man Kataloniens Wurst- und Schinkenspezialitäten probieren und kaufen kann.

Die Waren dieser Region sind für ihre Qualität inzwischen weltweit bekannt. Beim Schinken wird dies auf das zarte Fleisch der iberischen und katalanischen Schweine zurückgeführt. Und selbst hierbei gibt es feine Unterschiede zwischen den Katalanen und den Spaniern: Die Katalanen differenzieren zwischen der kommerziellen Fleischherstellung in der »Charcuteria« und der hausgemachten »Chacineria«. Die beliebtesten Wurstsorten der Katalanen sind neben Chorizo, Botifara und Morcillas (Blutwürste) Embuchados oder Embutidos. Lomo Embuchado schließlich zählt zur Top-Wurstspezialität der Katalonier.

Adresse neben der Carnisseria Can Juncà, Carrer Major, 17850 Besalú, Tel. +34 972/590185 | **Anfahrt** C-66 Richtung Zentrum. Die Carrer Major geht davon links ab, der Straße weiter folgen, bis sie einen Knick macht. Direkt an der Ecke befindet sich das Wurstmuseum. | **Tipp** Vom katalonischen Fremdenverkehrsamt gibt es eine Wurstroute, die auch durch viele Orte der Costa Brava führt. Infos zur »Ruta del Embotits« gibt es in den Touristeninformationen oder unter www.catalunya.com.

12 Carlos Faust
Pflanzen aus Leidenschaft

Sein richtiger Name war Karl Faust. Doch weil er den Großteil seines Lebens in Spanien verbrachte, wurde mit der Zeit aus dem deutschen Karl ein spanischer Carlos. Geboren am 10. September 1874 im hessischen Hadamar, zog es ihn schon früh in den Süden, er emigrierte als junger Kaufmann nach Barcelona. Schnell machte er sich selbstständig, war geschäftlich äußerst erfolgreich und damit bald finanziell unabhängig. Jetzt war es ihm möglich, sich seiner eigentlichen, großen Leidenschaft zu widmen: der Botanik. Karl Fausts besonderes Interesse galt der Pflanzenwelt des Mittelmeeres. Anhand von vielen Studien, die er eigenverantwortlich durchführte, erlangte er breite Kenntnisse auf diesem Gebiet. 1920 konnte er schließlich seinen großen Traum verwirklichen: einen eigenen botanischen Garten. Im Norden des Ortes Blanes, oben auf Felsen gelegen, mit spektakulären Blicken über die Küste, erwarb er ein 15 Hektar großes Stück Land und eröffnete bereits ein Jahr später den international anerkannten botanischen Garten »Mar i Murtra« (katalanisch für Meer und Myrte).

Mehr als 4.500 Pflanzen gibt es hier mittlerweile zu sehen, und immer wieder eröffnen sich dem Besucher unvergleichliche Blicke über die Küste und auf das Meer: Der Blick geht durch Zypressenalleen oder in Richtung Linnétempel mit der Küste im Hintergrund. Dies ist offensichtlich ein besonders beliebtes Fotomotiv, doch mit ein wenig Geduld gibt es immer wieder Momente, in denen man hier allein ist und die Umgebung genießen kann.

Carlos Faust starb im Jahr 1952. Sein Vermögen ging in die Carlos-Faust-Stiftung, die auch den botanischen Garten unterhält. Den ganz großen Ansturm auf seine neue Heimat erlebte er selbst also nicht mehr. 2007, zu seinem 55. Todesjahr, stiftete die Stadt Blanes ihm zu Ehren eine Skulptur. Da sitzt er nun auf einer Bank an der Promenade, direkt mit Blick auf das Meer und die Landschaft, in der er sich und vielen anderen ein kleines Paradies schuf.

Adresse Skulptur Carlos Faust an der Strandpromenade Passeig Cortils i Vieta; Botanischer Garten: Paseo Karl Faust, 0, 17300 Blanes, Tel. +34 972/330826, www.marimurtra.cat | Anfahrt Über die GI-682 von Lloret de Mar oder von der AP-7 zur Strandpromenade Richtung Zentrum fahren. Der Botanische Garten ist vorher ausgeschildert und liegt nördlich vom Zentrum (Richtung Lloret). | Öffnungszeiten täglich April, Mai 9–18 Uhr, Juni–Okt. 9–20 Uhr, Nov.–März 10–17 Uhr | Tipp Weitere sehenswerte botanische Gärten sind die Gärten von Santa Clotilde in Lloret de Mar oder »Pinya de Rosa« zwischen Blanes und Lloret und die Gärten von Cap Roig in Calella de Palafrugell, wo jedes Jahr im Juli und August das gleichnamige Musikfestival stattfindet.

13_ Die Bar Boia Nit
Ein Platz, den keiner gern wieder hergibt

Wer hier einen Platz in der ersten Reihe ergattert hat, gibt ihn nicht so schnell wieder her. Die Bar Boia Nit liegt direkt am kleinen Strand von Cadaqués, und die erste Reihe lädt gerade dazu ein, sich möglichst lange nicht mehr fortzubewegen. Absolut charmant sind das Ambiente, der Meerblick und die Menschen, die hier sitzen und ein und aus gehen. Es ist, als gehöre man zu den Einwohnern von Cadaqués. Die Stimmung ist relaxed – am Morgen, am Mittag und am Abend. Das hat einerseits mit der unvergleichlichen Lage, andererseits mit dem jungen Serviceteam und dessen Freundlichkeit zu tun. Manel Vehi führt die Bar. Er hat bereits Erfahrungen im El Bulli bei Sternekoch Ferran Adría gesammelt, aber auch internationale Kochkünste kennengelernt und kümmert sich nun in Cadaqués um seine Gäste.

Genau an dieser Stelle gab es schon 1946 eine Bar, die mit dem Beginn des Tourismus an der Küste schnell beliebt wurde. Hier saß nicht nur Dalí, der inzwischen wenige Meter entfernt in Bronze gegossen steht, sondern auch Josep Pla, Kirk Douglas, Man Ray, Gabriel García Márquez, Richard Hamilton oder Yul Brynner. Dalí vergaß einst einen seiner Gehstöcke hier, ließ diesen am nächsten Tag abholen und bedankte sich mit einem Bild. Richard Hamilton posierte mit einem »Ricard«-Krug für ein Foto. Viele Geschichten hat Pere Vehí, der Neffe des Bargründers, hier schon erlebt und zu erzählen. Vielleicht hat die gute Stimmung auch ein wenig mit dem Boheme-Leben von Cadaqués zu tun.

In der Bar Boia Nit gibt es neben guten Cocktails auch empfehlenswerte Tapas, wie die Patatas Bravas, ein Gericht, das auf vielen Speisekarten zu finden ist. Die in Öl gebackenen Kartoffeln heißen jedoch nicht Brava, weil sie von der gleichnamigen Küste kommen, sondern brava bedeutet »tapfer, mutig« und hat mit der Schärfe der Kartoffeln und der dazugehörigen Sauce zu tun. In der Bar wird eine Eigenkreation des Chefs dazu serviert.

Adresse Passeig, 1, 17488 Cadaqués, Tel. +34 972/258651, www.boianit.com | **Anfahrt** Über die GI-614 von Roses oder GI-613 von El Port de la Selva. Am Ortseingang befindet sich ein großer Parkplatz, dann Richtung Strandpromenade. Die Bar befindet sich am Anfang. | **Öffnungszeiten** täglich 8.30–3 Uhr, Cocktailbar: Mai–Sept. 19–3 Uhr | **Tipp** Schräg gegenüber der Bar liegt das Hostal La Residencia – Carrer Caritat Serinyana, 1 –, in das sich ein Blick lohnt, weil es Dalí zelebriert: Unmengen von seinen Spazierstöcken stehen im Foyer. Doch hier sollen auch andere Berühmtheiten wie Walt Disney, Matisse oder Federico García Lorca abgestiegen sein.

CADAQUÉS

14 Das Café de la Habana
Jeden Abend Livemusik

Cadaqués ist anders, und anders sind auch die Leute, die hier leben. Sie betreiben Bars, die früher von Schriftstellern und Malern besucht wurden, und haben vor 30 Jahren ihren Cava mit Dalí getrunken. Ja, das ist lange her, aber in der Luft liegt das alles immer noch. Spaziert man spät am Abend durch die Straßen und hört aus einer Bar im südlichen Teil der Hafenbucht, deren Vorderfront von arkadenartigen Fenstern durchbrochen ist, ein wenig fremdartige Musik ertönen, ist es wahrscheinlich, dass es sich hierbei um das »Café de la Habana« handelt. Der Name ist als eine Hommage an diejenigen Menschen zu verstehen, die Cadaqués vor langer Zeit verlassen mussten, weil die Armut zu groß war, und die es zum großen Teil nach Lateinamerika verschlug. Viele fanden in Kuba Glück und Wohlstand.

Hier gibt es jeden Abend Livemusik. Nanu, mit bürgerlichem Namen Joan Carles Ibàñez, sitzt auf einem Barhocker und singt Lieder von Liebe, Tod und Revolution, von Leonard Cohen und Jaques Brel – auch diese beiden könnte man sich im abendlichen Cadaqués gut vorstellen – und von einem Mann namens Juanito Riera, einem der letzten Kubaheimkehrer, der vor einigen Jahren 93-jährig starb. Nanu ist gleichzeitig Besitzer der Bar, und er singt seine Lieder in einem ihm ganz eigenen Stil. Die Zuhörer sitzen still und lauschen ergriffen seinen Klängen und der unvergleichlichen Stimme. Im la Habana gibt es teure Cocktails, es stehen Kerzen auf den Tischen, die Wände schmücken Bilder und Fotografien, die schon so lange hier hängen, dass sie vergilbt sind. Auf einem Bild ist ein Mann mit einem Strohhut auf einer Wiese abgebildet, und man sieht ihm ganz genau an, dass er einfach nur das Nichtstun genießt …

Im Sommer finden die Konzerte jeden Abend um 23 Uhr statt, im Winter nur am Samstag. Um einen guten Platz zu ergattern, lohnt es sich, mindestens eine halbe Stunde vorher zu kommen.

Adresse Dr Bartomeus, 2, 17488 Cadaqués, Tel. +34 972/258689, nanu@cafedelahabana.com | **Anfahrt** GI-614 bis zur Strandpromenade, rechts abbiegen und dem Straßenverlauf zur nächsten Bucht folgen. Das Habana liegt rechts. | **Öffnungszeiten** Ostern – Mitte Okt. täglich 21–2.30 Uhr; Mitte Okt.–Ostern Fr, Sa und an Feiertagen 21–2.30 Uhr; Konzerte ab März Fr und Sa, Ostern – Mitte Okt. täglich 23 Uhr | **Tipp** Gleich um die Ecke vom Café de la Habana befindet sich die noch sehr ursprüngliche Bucht Sa Conca. Einfach dem Straßenverlauf circa 500 Meter an der Küste folgen.

15 — Das Hostal
Künstlertreffpunkt

Das Hostal ist eigentlich ein ganz normales Lokal. Die Kellner sind nicht besonders freundlich, es ist geschmackvoll, aber nicht außergewöhnlich eingerichtet, es liegt direkt an der Strandpromenade, und es gibt Tapas. Aber das Hostal hat eine bewegte Vergangenheit. Und genau aus diesem Grund lohnt es sich, einen Blick hineinzuwerfen.

Schon in den 1930er Jahren trafen sich hier bekannte Künstler und Nachtschwärmer. Das heutige Lokal war Bar, Jazzclub, Diskothek, Hotspot und Treffpunkt für alle Nachtschwärmer. Hier fanden Feste und Konzerte statt; und es diente als Filmkulisse. In ganz Cadaqués war früher klar, wo nachts was los ist. Hier wurde bis in den Morgen gefeiert. Der damalige Besitzer Paul Marci verhalf dem Club zu diesem bisher einzigartigen Ruhm. Wie die Nächte früher im Hostal wirklich waren, ist nur schwer nachvollziehbar. Zeugnis von dieser lebhaften Zeit geben aber die vielen Fotos innen und außen: Von Dalí bis hin zu Keith Richard, Amanda Lear oder Gabriel García Márquez sind viele bekannte Gesichter an den Wänden zu sehen. Der spanische Maler Joan Josep Tharrat nannte Cadaqués »das Fischerdorf mit den meisten Künstlern pro Quadratmetern der Welt«. Kein Geringerer als Salvador Dalí ist verantwortlich für das Design des Hostal, und er gestaltete auch das Logo gleich am Eingang auf der Terrasse.

Bis heute lohnt es sich, im L'Hostal einzukehren, um ein wenig von der bewegten Zeit mitzubekommen. Das wissen auch die Kellner, die Besucher nicht so einfach durchlassen, sondern sich bereits an der Außenterrasse in den Weg stellen. Sie wissen, was die Fotos für das Lokal bedeuten. Auch auf der Terrasse hängen Fotografien an der rechten Außenvertäfelung, im Inneren jedoch viel mehr. Der Schriftsteller Gabriel García Márquez trank hier, und in jüngster Vergangenheit waren Shakira und der aus Barcelona stammende, in Berlin lebende Schauspieler Daniel Brühl hier.

Adresse Plaça Passeig, 8, 17488 Cadaqués, Tel. +34 972/258000, www.lhostalcadaques.com | **Anfahrt** Über die GI-614 von Roses oder GI-613 von El Port de la Selva. Am Ortseingang befindet sich ein großer Parkplatz. L'Hostal liegt direkt an der Strandpromenade von Cadaqués. | **Tipp** Ähnlich interessant wie das L'Hostal ist auch das Hotel Lafranc in Lafranc. Hier gingen in den 1960er Jahren Stars ein und aus und feierten ausgiebig. Der damalige Besitzer Manel Bisbe wurde selbst der »Zigeuner von Llafranc« genannt.

16 — Die Pflastersteine
Wenn Steine reden könnten ...

Die Pflastersteine von Cadaqués haben sicherlich viele Geschichten zu erzählen: von den Fischern, die früher in den Morgenstunden mit ihren Holzschuhen über das Pflaster zum Hafen liefen, von den vielen Künstlern, Lebenskünstlern und Touristen, die den Ort bis heute lieben. Aber auch von Piraten, die hier an Land gegangen sind, um Beute zu machen. Auf jeden Fall kamen schon unzählige Menschen hierher und liefen über das schwarze Pflaster.

Besonders schön ist es, am frühen Morgen unterwegs zu sein und über die steilen schmalen Gassen durch den dann noch so friedlichen Ort zu laufen. An einigen Stellen sind die Steine recht holprig, oder die Wurzeln eines Baumes, der mehr Platz brauchte, haben sie ein wenig nach oben gedrückt. An anderen Stellen sind sie ganz blank geputzt. Manchmal bilden sie Muster, zuweilen wirken sie wie hingestreut.

Cadaqués hat immer noch eine ganz besondere Atmosphäre. Der Tourismus setzt hier eher auf Qualität, und so ist es teurer, ein Haus zu mieten, als an vielen anderen Orten der Costa Brava. Deshalb machen sich während der Sommermonate viele Leute auf den Weg, um wenigstens einen Tag in den Gassen, den Restaurants und Bars oder den Geschäften des Dorfes zu verbringen. Dann kann es schon vorkommen, dass sich auf der Straße, die von Roses herführt, kilometerlange Staus bilden. Ein wenig nimmt es den Reiz des Ortes, und das Flair geht leicht verloren. 2010 war eine Delegation aus China zu Besuch. Sie hatten sich Cadaqués als Vorbild für eine mediterrane Stadt gewählt, die sie nachbauen wollen: 15.000 Bewohner soll der Ort haben, das wäre dann fünfmal so viel wie das spanische Vorbild heute außerhalb der Saison hat. Der Bürgermeister Joan Borrell und die Bevölkerung sehen es gelassen. China ist weit, weit entfernt, und es gibt Dinge, die man gar nicht kopieren kann. Und vielleicht hat das auch unter anderem mit den schönen, holprigen Steinen von Cadaqués zu tun.

Adresse 17488 Cadaqués | **Anfahrt** Über die GI-614 von Roses oder GI-613 von El Port de la Selva. Am Ortseingang befindet sich ein großer Parkplatz. Die Pflastersteinwege durchziehen den ganzen Ort und die alten Gassen. Besonders schön ist der Weg von der Kirche abwärts zu Strand und Zentrum. | **Tipp** Unterhalb der Barocktreppe von Girona gibt es ebenfalls sehr schöne kreisförmige Pflasterungen zu sehen.

CADAQUÉS

17 _ Die Rebaixas
Sich schmücken macht Spaß!

Es ist nicht zu verheimlichen, und deshalb muss es auch an dieser Stelle klar und deutlich formuliert werden: An der Costa Brava, wie auch im restlichen Spanien, lässt es sich gut einkaufen. Insbesondere das Angebot an Mode und Accessoires wie Armbänder, Ketten, Ohrringe und Tücher ist einfach phänomenal; die Schuhe nicht zu vergessen …

Und wer an einem Sommerabend vor einer Bar oder einem Restaurant gesessen und bei Tapas und einem Glas Wein das Treiben auf den Straßen beobachtet hat, dem wird nicht entgangen sein, dass die Spanier viel Wert auf ihr Äußeres legen und es verstehen, sich zu kleiden! Lange oder kurze Kleider, Schmuck, Sonnenbrille im Haar und eine modische Tasche über der Schulter; sie haben es einfach drauf, und es ist schön anzusehen! Bei den jungen Menschen sowieso, aber auch die meisten älteren Damen tragen schöne Kleider und die Herren dazu meist zumindest ein frisch gebügeltes Hemd. Beinahe alle achten darauf, eine gute Figur zu machen.

Neben den vielen großen Ketten, die inzwischen nahezu alle Innenstädte Europas erobert haben, gibt es immer noch viele kleine Label, die individuelle Dinge verkaufen. Und die sind häufig nicht teurer als die großen Läden. Deshalb am besten einfach reingehen und stöbern, denn hier ist niemand sauer, wenn nichts gekauft wird. Die Spanier mögen selbst gerne einkaufen und sind auch Käufern gegenüber entspannt. Es gibt zwar immer noch die klassischen Rebaixas (Schlussverkäufe; auf Spanisch heißt es Rebajas) zum Ende des Sommers und im Winter nach Weihnachten. Aber ebenso wie bei uns ist deren Einhaltung längst nicht mehr streng reguliert, und es gibt viele kleine Schlussverkäufe zwischendrin. Da kommt man an kleinen Mitbringseln oder Geschenken manchmal nicht vorbei. Erst recht nicht, wenn sie so schön angepriesen werden wie zum Beispiel bei Nice Things in Girona oder bei Mo in Cadaqués. Urlaubern und Spaniern fällt es da gleichermaßen schwer, Widerstand zu leisten.

Adresse zum Beispiel bei: Mo Cadaqués, Plaça Doctor Pont, 7, 17488 Cadaqués; Nice things, Rambla de la Llibertat, 29, 17004 Girona | **Anfahrt** Der GI-614 bis zur Strandpromenade folgen, rechts abbiegen, und dann um die nächste Biegung/ Spitze fahren. Dort befindet sich die Plaça Doctor Pont. | **Öffnungszeiten** Mo–Sa 10–13.30 und 16.30–21 Uhr, So 10–13 Uhr | **Tipp** Für Urlaubsshopper gibt es in Girona oder auch bei La Jonquera Outlets. Und kurz hinter Barcelona Richtung Costa Brava liegt das La Roca Village.

CADAQUÉS

18 — Die Taps Dolcos
Süße Verlockung

Für viele ist in Cadaqués der Morgen am schönsten: wenn der Ort langsam erwacht, die Geschäfte ihre Rollläden und Türen öffnen, vor den Cafés die Tische für die Gäste abgewischt werden und der Duft aus den Bäckereien strömt. Ein kleiner Platz am Anfang der Strandpromenade wird jeden Morgen ab elf Uhr besonders interessant: die Plaça del Dr. Trèmols. Hier befindet sich die Bäckerei Pastisseria La Mallorquina, die als einzige Bäckerei die Spezialität des Ortes bäckt. »Taps Dolcos de Cadaqués« heißt das süße Gebäck, das aussieht wie ein Cava-Korken oder ein riesiger Pilz.

Es gibt zwar viele Familien, die den Namen »La Mallorquina« tragen, und darunter sind auch einige Bäckereien, doch diese Patisseria ist einzigartig. Davon sind auch die freundlichen Verkäuferinnen überzeugt. Seit fünf Generationen werden hier inzwischen die Taps gefertigt. Sie sind locker, luftig, ziemlich süß und zergehen auf der Zunge. Die Zutaten, Eier, Zucker, Mehl und Wasser, werden in einer zylindrischen Form gebacken. Dazu wird häufig ein noch süßerer Sirup gereicht. Diese Spezialität des Ortes gibt es schon seit dem 18. Jahrhundert, und sie ist inzwischen fester Bestandteil auf vielen Karten der heimischen Restaurants.

Ähnlich wie Cadaqués haben auch andere Orte an der Costa Brava ihre süßen Spezialitäten. In Castelló d'Empúries etwa gibt es Brulées von der Pastisseria Surroca, aus Girona stammen die berühmten Torrons »Victoriana Candela« und viele andere Backspezialitäten (wie die Bischofsfürze »Pets de Bisbe« und »Xuixo«). Aus Camprodon kommen die Birba-Kekse, die in ihren nostalgischen Dosen in vielen Delikatessenläden an der Costa Brava zu finden sind. In Banyoles gibt es Fisch mit Schlagsahne »Peix de Nata« und in Figueres »Flaona« oder »Pannellets«. Inzwischen existiert sogar eine Route der süßen Köstlichkeiten an der Costa Brava, die auch in unbekanntere und weniger hübsche Orte und Bäckereien im Hinterland führt.

Adresse Pastisseria La Mallorquina, Plaça del Dr. Trèmols, 17488 Cadaqués | **Anfahrt** Der GI-614 bis zur Strandpromenade folgen, rechts abbiegen, und dann liegt gleich rechts der kleine Platz. | **Öffnungszeiten** 8–13.30 und 16.30–21 Uhr | **Tipp** Taps Dolcos zum Selbermachen: Zutaten: 4 Eier, 250 g Zucker, 250 g Mehl, Wasser. Eiweiß steif schlagen mit 100 g Zucker. Eigelbe und restlichen Zucker verrühren und ein wenig Wasser hinzufügen. Dann das Mehl und das Eiweiß darunterheben. Die Masse in zylindrische Formen füllen und bei 180 Grad backen. Dazu Sirup.

CADAQUÉS

19__Waiting for Richard
Eine Boutique mit Geschichte

Seit Langem schon ist Cadaqués ein Ort, der die Menschen von überall her anzieht. Doch bevor der Tourismus auch hier einsetzte, muss es ganz anders gewesen sein. Nicht zuletzt weil das ehemalige Fischerdorf am Zipfel des Naturschutzgebietes Cap de Creus liegt, war es früher schwer und umständlich zu erreichen. Eben diese Entrücktheit war es aber dann, die dazu führte, dass es ab der Mitte des letzten Jahrhunderts nach und nach Künstler von überall hierhin zog, in den kleinen Ort beinahe am Ende der Welt: Marcel Duchamps, Pablo Picasso, Luis Bunuel oder Paul Eluard waren hier. Und dann natürlich Salvador Dalí, der sich unsterblich in die Frau von Eluard, Jelena Dmitrijewna Djakonowa, genannt Gala, verliebte. Gala entschied sich für Dalí und lebte viele Jahre ganz in der Nähe in Portlligat.

Nach und nach hielt der Tourismus Einzug, und das Dorf, dessen weiße Häuser aus der Ferne immer noch wie in die Landschaft hineingewürfelt aussehen, ist auch heute noch Anziehungspunkt.

Eines schönen Tages kam der amerikanische Schauspieler Richard Gere hierher, und es ereignete sich eine nette, kleine Geschichte: Am Ende der Strandpromenade, einige Stufen hinauf und zwei Häuser neben dem im Modernisme errichteten Haus Serinyana gelegen, befindet sich eine Boutique, die heute den Namen »Waiting for Richard« trägt. Richard Gere kam auf seinem Spaziergang durch Cadaqués hier vorbei, und die Geschäftsinhaberin sah ihn. Gemeinsam mit Freunden war sie gerade dabei, die neue Boutique mit Kleidern, Tüchern, Taschen und anderen Accessoires einzurichten, und suchte noch nach einem geeigneten Namen. In diesem Moment hatte sie die Idee, ihr neues Geschäft »Waiting for Richard« zu taufen. Ein Freund von ihr malte den Schriftzug oben über das Schaufenster auf eine große Holztafel. Ob hier immer noch jemand auf Richard wartet, wird nicht verraten. Vielleicht wenn man viel lauft und lange genug bohrt?

Adresse Plaça des Portitxó, 9, 17488 Cadaqués | **Anfahrt** Über die GI-614 von Roses oder GI-613 von El Port de la Selva. Am Ortseingang befindet sich ein großer Parkplatz. Waiting for Richard liegt am Ende der Strandpromenade neben dem blauen Haus (gut sichtbar) Casa Serinyana (Richtung Portlligat). | **Öffnungszeiten** Mo–Sa 10–13.30 und 16–20.30 Uhr | **Tipp** Auch einer der Beatles taucht namentlich immer wieder an der Costa Brava auf. So hat Girona einen Parc de John Lennon und Torroella de Montgrí eine Plaça John Lennon – obwohl er selbst nie dort gewesen ist.

CALDES DE MALAVELLA

20_Vichy Catalan
Wasser satt

Caldes de Malavella liegt rund 20 Kilometer von der Küste entfernt, wirkt verschlafen und unauffällig. Aber nur so lange, bis man vor den eindrucksvollsten Gebäuden des Ortes steht: Eins beeindruckt durch seine schöne Fassade, das nächste durch eine schlichte und sachliche, anderen ist der Glanz vergangener Tage anzusehen. Ein Gebäude überrascht durch seine Dimension: das Kurhotel des Heilwassers Vichy Catalan.

Bis heute ist Vichy Catalan das bekannteste Mineralwasser in Spanien und ein Unternehmen mit langer Tradition. Genau genommen begann in Caldes de Malavella alles mit den Römern, die hier auf Quellen stießen. Im 19. Jahrhundert wurde ein Arzt aus Girona auf die Heilkräfte des Wassers aufmerksam. Er interessierte sich für Hydrotherapie und fand in Caldes de Malavella das dafür notwendige Thermalwasser. Während die Einwohner sich schon immer sicher waren, dass ihr Wasser heilende Eigenschaften hat, musste er sich erst davon überzeugen. 1880 kaufte er ein Grundstück mit Quelle und begann mit der Nutzung des heilbringenden Wassers. Die Analyse ergab einen hohen Mineralgehalt, und das Wasser wurde fortan in Flaschen abgefüllt. Bald darauf wurde ein Kurhotel geplant und 1898 das »Balneario Vichy Catalan« eröffnet. Der Name Vichy galt damals als Bezeichnung für Heilbad allgemein, und so bekam auch dieses den Namen des französischen Ortes.

Das Mineralwasserunternehmen wurde 1900 von vier reichen Katalanen gegründet, die ihr Geld in Kuba gemacht hatten. Die Gesellschaft ging nach Barcelona, doch Caldes de Malavella hat bis heute ein eigenes Werk. An drei Stellen wird das Wasser aus einer Tiefe von bis zu 200 Metern geholt, und dort befinden sich auch die Abfüllstationen der verschiedenen Sorten: Vichy Catalan, Malavella und San Narciso. Sie unterscheiden sich im Geschmack und im Mineralgehalt, weil sie durch verschiedene Gesteinsschichten aufsteigen.

Adresse Balneario Vichy Catalan, Avinguda Doctor Furest, 32, 17455 Caldes de Malavella; www.hotelbalneariovichycatalan.com, Tel. +34 972/470000 | **Anfahrt** Von Sant Feliu de Guíxols auf der C-65 Richtung Llagostera und dann auf die GI-674 Richtung Caldes de Malavella, die Straße wird zur Avinguda Doctor Furest, das Heilbad liegt rechts, kurz hinter dem Zentrum. | **Öffnungszeiten** Alle Thermalbehandlungen können, auch ohne Gast zu sein, gebucht werden. | **Tipp** Das Unternehmen Vichy Catalan liegt linker Hand, wenn man dem Straßenverlauf der Avinguda Doctor Furest Richtung Zentrum folgt. In Vilajuga (zwischen Figueres und Llanca rechts von der N-260 gelegen) ist die Wasserfirma »Aigua de Vilajuiga« zu Hause und frei zugänglich.

CALDES DE MALAVELLA

21 Die Wasserquellen
In einer dekorativen Badeanstalt

Caldes de Malavella gehörte einst den Römern. Hier lag vor vielen, vielen Jahren der römische Ort Aquae Calidae. Davon sind heute noch die Ruinen der Bäder zu bewundern. Dazu gehören ein Pool und eine Reihe von Nebenräumen, die inzwischen unter der höchsten Stufe des Denkmalschutzes stehen. Das Besondere an dieser Siedlung war in erster Linie, dass die Römer bereits die 60 Grad warmen Thermalquellen nutzten. Diesen Quellen hat Caldes de Malavella viel zu verdanken.

So wurde Ende des 19. Jahrhunderts deren heilbringende Kraft erkannt, und die Gemeinde entwickelte sich zu einem Kurort. Neben der imposanten Heimat des Wassers Vichy Catalan und dem dazugehörigen Kurhotel am Rande des Ortes wurde im Zentrum eine große Badeanstalt gebaut. Der erste Komplex in der Carrer Pla i Deniel entstand von 1890 bis 1900 im neoklassischen Stil, zwei Jahre später erfolgte eine umfangreiche Erweiterung, und 1960 wurden weitere moderne Gebäude ergänzt. Dazu gehört ein kleiner Park mit einer weitläufigen Terrasse und einem Außenbecken.

Das Bad »Balneari Prats« fällt vor allem durch seine Fassade auf, die sich von den anderen Häusern in Caldes de la Malavella deutlich in Größe und Gestaltung unterscheidet. Auch hier sind eindeutig Merkmale des Modernisme zu erkennen. Das L-förmige Gebäude entwarf Duixans i Masramon. Durch ein großes und prachtvolles Eingangstor gelangt der Besucher zur Badeanstalt, zur Terrasse und zum gleichnamigen Hotel, welches sich hier inzwischen befindet und auf Wasserbehandlungen spezialisiert ist. Das Hotel hat Klassik mit Moderne gekonnt kombiniert. Die Zimmer haben einen Ausblick in den Garten, zum Pool oder in Richtung Zentrum. Die Terrasse ist ein wunderbarer Platz, um sich unter den schattenspendenden Bäumen ein wenig auszuruhen und dem Treiben der Kurgäste zuzusehen. Hier kann jeder Besucher des Ortes entspannen, denn die Preise sind für ein Kurhotel äußerst zivil.

Adresse Hotel Balneari Prats, Plaça Sant Esteve, 7, 17455 Caldes de Malavella, Tel. +34 972/470051, www.balneariprats.com | **Anfahrt** Von Sant Feliu de Guíxols auf der C-65 Richtung Llagostera und dann auf die GI-674 Richtung Caldes de Malavella in Richtung Zentrum, links in die Carrer Major. | **Öffnungszeiten** 10–19 Uhr; es gibt Vormittags- und Nachmittagstickets, am Morgen sind viele Hotelbesucher im Bad. | **Tipp** In L'Escala und Peralada gibt es weitere Heilbäder. Peralada hat außerdem einen Golfplatz für seine Gäste.

CALELLA

22 Die Camí de Ronda
Zu Fuß an der wilden Küste unterwegs

Von Calella aus führt eine Treppe zu dem Weg hinauf, der in seiner gesamten Länge von Portbou bis nach Blanes reicht, also die ganze Küste der Costa Brava entlang. Doch gerade auf diesem kurzen Abschnitt hat man besonders schöne Blicke auf das Meer, das in der Sonne glitzert, die Felsen und Pinien. Es riecht nach Süden. Agaven säumen den Weg, immer wieder gibt es kleine Miradores (Aussichtspunkte) und eine von Wind und Wasser silbrig gewaschene Holzbank, von der aus man die Aussicht genießen kann.

»Camí de Ronda« ist die katalanische Bezeichnung für diese Küstenpfade. Die Wege wurden ursprünglich angelegt, um den Schmuggel, der sich hier breitmachte, zu kontrollieren und unterbinden zu können. Die zerklüftete Küste mit den vielen kleinen, einsamen Buchten bot sich damals für die Geschäfte der Schmuggler geradezu an, und schon bald war dann auch die Guardia Civil hier unterwegs. Irgendwann gerieten die Pfade in Vergessenheit und wurden nur noch ab und zu genutzt, um Buchten zu besuchen, die ein wenig versteckt lagen oder nicht mit dem Auto erreicht werden konnten.

Als auch an die Costa Brava Touristen kamen, die nicht mehr einfach nur am Strand und in der Sonne liegen wollten, sondern sich für die Landschaft und Aktivitäten interessierten, wurden die alten Küstenpfade wiederentdeckt und erweitert. Viele Abschnitte fielen aber auch während des Baubooms von Hotel- und Appartementanlagen den lokalen Interessen zum Opfer. Damit der Küstenweg trotzdem ohne Unterbrechung erwandert werden kann, wurden dort, wo die alten Pfade überbaut wurden, neue geschaffen. Besonders schön ist die Strecke von Palamós in Richtung Süden. Llafranc ist von Calella aus in 15 Minuten zu erreichen, nach Tamariú geht man ungefähr eineinhalb Stunden. Hübsch ist die kleine Bucht Port Bo mit ihren bunten Booten und Lokalen. In der Nebensaison scheint hier die Zeit stehen geblieben zu sein.

Adresse Camí de Ronda zwischen 17211 Llafranc und 17210 Calella de Palafrugell | **Anfahrt** Camí de Ronda verlaufen häufig über den Fernweg GR92. | **Tipp** Kurz vor Calella befindet sich das Restaurant »3 Pins« mit einer riesigen Terrasse direkt am Meer. Das Lokal ist auf dem Weg nicht zu verfehlen und durch die 3 riesigen Pinien davor auch nicht zu verkennen.

CAMPRODON

23 _ Das Kontrastprogramm
Sommerfrische im Landesinneren

Circa 75 Kilometer von Girona entfernt liegt auf 1.000 Meter Höhe, schon in den spanischen Pyrenäen, Camprodon. Der Ort ist seit Anfang des 20. Jahrhunderts als traditionelle Sommerfrische der Spanier bekannt. Hierher zogen sich die wohlhabenden Schichten in den heißen Monaten zurück, um der Hitze wenigstens für eine Weile zu entfliehen. Das vermutlich charakteristischste Wahrzeichen des Ortes ist die aus dem 11. Jahrhundert stammende Steinbrücke über den Fluss Ter, der die Stadt durchkreuzt. Daneben befindet sich das Museum zu Ehren des aus Camprodon stammenden Komponisten Isaac Albéniz. Der Flügel des größten Wunderkindes des Ortes steht im Erdgeschoss – direkt neben der Touristeninformation. Albéniz selbst liebte Camprodon offensichtlich nicht so sehr: Bereits als Kind lief er immer wieder von zu Hause weg, hielt sich mit Konzerten über Wasser und verließ als Zwölfjähriger schließlich Spanien als blinder Passagier auf einem Schiff Richtung Kuba und Amerika. Anschließend studierte er in Leipzig bei Franz Liszt, lebte in Barcelona, in London und Paris (eine Nachfahrin von ihm ist die ehemalige Ehefrau von Nicolas Sarkozy).

Doch Camprodon hat noch mehr zu bieten: viele Delikatessengeschäfte mit Spezialitäten der Region. Die heutige Fabrik der in Spanien beliebten »Galetas Birba« liegt kurz vor dem Ort direkt an der Straße C-38 und ist unübersehbar. Die alte Fabrik findet sich Richtung Avenida Maristany und Passeig Maristany – einer Straße mit riesigen Villen und Gärten, welche zwischen 1900 und 1905 entstanden und gestressten Bürgern aus Barcelona zur Entspannung verhalfen, wie die Villa Maristany, in der sich heute ein Hotel befindet.

An vergangene Zeiten erinnert auch das Hotel de Camprodon. Es liegt unübersehbar am Ter, direkt hinter der Brücke. Ein Blick ins Innere lohnt sich – genauso wie sich der Ausflug in die Sommerfrische als Kontrastprogramm zur Küste lohnt.

Adresse Carrer Sant Roc führt ins Zentrum, zur Touristeninformation und zum Museum; Hotel Camprodon: Plaça Doctor Robert, 17867 Camprodon | **Anfahrt** Von Olot über die N-260, dann auf der C-38 nach Camprodon oder von Ripoll auf der N-260, dann C-38 und links abbiegen. Carrer Sant Roc führt direkt ins Zentrum und zur Brücke, von der auch das Hotel zu sehen ist. | **Tipp** Wunderschön ist der Wanderweg zwischen Ogassa und Camprodon: Weiden, Kühe, Blumen und alte Kapellen säumen den Weg. Von Ogassa Richtung Sant Martí de Surroca und dann Richtung Camprodon. Der Weg endet an der Keksfabrik Birba.

24 Am Cap de Creus
Das Licht am Ende der Welt …

Wie das Ende der Welt muss dieser Ort den Menschen früher manchmal erschienen sein. Diese karge, felsige und unnahbare Landschaft mit ihren Buchten, die nur mit dem Boot zu erreichen waren. Das Cap de Creus ist der östlichste Punkt der iberischen Halbinsel. Hier fallen die Ausläufer der Pyrenäen ins Meer, und hier haben die heftigen Winde der Tramuntana und das Wasser im Laufe von Millionen von Jahren verrückte Steinformationen entstehen lassen. Einige von ihnen erinnern an Tiergestalten, weshalb sie auch »Kaninchen von Tulip«, »Seehund«, »Gorilla« oder »Kamel« genannt werden.

Nicht fehlen darf eine Steinformation, die von Dalí höchstpersönlich benannt wurde, der »Gran Masturbador«. Eine Übersetzung ist wohl überflüssig. Der Felsen ist auf einigen seiner Bilder zu sehen. Ein Weg führt an den Felsen vorbei, und es gibt Schilder, die auf die bekanntesten hinweisen. Es ist aber mehr als wahrscheinlich, dass einem selbst noch die eine oder andere Assoziation durch den Kopf geht …

Bis auf die Ansiedlungen ist das gesamte Cap seit 1998 als Naturpark ausgewiesen und umfasst eine Fläche von 14.000 Hektar Land. 1971 wurde am Cap de Creus der Film »Das Licht am Ende der Welt« mit Kirk Douglas und Yul Brunner gedreht. Spanien galt zu jener Zeit noch als preiswerter Drehort. Eine Hinweistafel, die daran erinnert, befindet sich unterhalb des Leuchtturms, am äußersten Zipfel des Caps.

Hier liegt auch das Restaurant »Cap de Creus« mit einer großen Aussichtsterrasse – ein wunderbarer Platz, um am Abend die Sonne über Felsen und Meer untergehen zu sehen. Es gibt viele Fischgerichte, und selbst wenn der Service nicht immer perfekt ist, lohnt die phantastische Aussicht allemal.

Am frühen Morgen des 1. Januars wird hier oben der erste Sonnenaufgang des neuen Jahres erwartet und dazu, nach einer langen Nacht, eine heiße Schokolade getrunken.

Adresse Restaurant: Carretera Cap de Creus, s/n, 17488 Cadaqués | **Anfahrt** Zu erreichen nur von Cadaqués aus über eine circa 8 Kilometer lange Straße. Parkplätze befinden sich unterhalb des Leuchtturms. Von hier gibt es viele Fußwege in das Naturschutzgebiet. | **Tipp** Das »Massiv Cadiretes« bei Tossa de Mar ist ebenfalls ein sehenswertes Naturschutzgebiet: ein gebirgiges Gelände mit Bächen und Quellen und vielen besonderen Pflanzen und Tieren. Der Küstenstrich ist hier auf einer Länge von circa sechs Kilometern geschützt.

CASTELLFOLLIT DE LA ROCA

25 __ Die Vulkanlandschaft
Spektakulärer Ort

Zweigt man von Girona kommend Richtung Castellfollit de la Roca ab, bietet sich ein Blick auf den kleinen Ort, der absolut und unvergleichlich spektakulär ist. Auf einem Kliff aus Vulkangestein, das circa 60 Meter in die Höhe ragt, liegen die Häuser des Dorfes. Von Weitem sehen sie aus wie Zähne, die sich in einem Unterkiefer aneinanderreihen. Klein und schmal stehen sie dicht an dicht. Schon bei der Vorstellung, sich hier morgens zum Bettenausschütteln aus dem Fenster hinauszulehnen, wird einem beinahe schwindelig. Die Häuser selbst sind zum Großteil ebenfalls aus Vulkangestein.

Der Felsen, auf dem das Dorf liegt, hat sich durch das Übereinanderschichten von Lavaströmen gebildet sowie durch die Erosion der beiden Flüsse, die ihn umgeben: Auf der einen Seite fließt der El Fluvià, auf der anderen der deutlich kleinere Turonell; an der Spitze des Kliffs treffen sie aufeinander. Am äußersten Zipfel des Dorfes befindet sich ein Aussichtspunkt, von dem aus die Formationen der Garrotxa zu bestaunen sind.

Castellfollit de la Roca liegt ungefähr acht Kilometer von Olot entfernt, dem Hauptort der Garrotxa. Gleichzeitig ist Olot das Zentrum des Naturschutzparks, der zu den vier bedeutendsten Europas zählt. Das gesamte vulkanische Gebiet ist ein einziges herrliches Naturparadies zum Staunen. Es ist aufgeteilt in zwei Bereiche, die Obere und die Untere Garrotxa, wobei die Untere die landschaftlich üppigere ist. Viele Bäche durchziehen das Gebiet, es gibt satte Weiden und Wälder, außerdem viele verschiedene Tier- und Pflanzenarten. Zwischen den Orten Olot und Les Preses wurde ein Natursteinpark angelegt, den man durchwandern kann, um einen Eindruck von dem kargen Gebiet der Garrotxa zu bekommen. Die Vulkane sind immer noch nicht erloschen, sie gelten nur als inaktiv. Das aber inzwischen immerhin seit gut 10.000 Jahren!

Castellfollit de la Roca ist einer der malerischsten Orte Kataloniens und die Garrotxa vermutlich eines der schönsten Naturschutzgebiete.

Adresse 17856 Castellfollit de la Roca | **Anfahrt** Von Figueres aus über die N-260 (bester Blick auf den Ort), von Girona über die C-66 in Richtung Olot. Castellfollit de la Roca ist nicht zu übersehen. Die N-260 führt von beiden Seiten in den Ort. | **Tipp** Von hier ist es nicht weit bis Olot, wo sich das Museum Garrotxa und das »Museu dels Volcans« befinden. Nur Letzteres informiert über die Vulkanregion (Parc Nou, Torre Castanys, Av. De Santa Coloma, 43, 17800 Olot, Tel. +34 972/266762).

26 _ Die Basilika Santa Maria
Die zwölf Apostel

Neben dem Jugendstil, der sich in Katalonien und an der ganzen Costa Brava anders entwickelte als im restlichen Europa, hat auch die katalonische Gotik eine abweichende Ausprägung erfahren. Im Unterschied zur klassischen Gotik, deren Bauwerke dem Himmel entgegenstrebten, bauten die Katalanen in die Horizontale. Die Zisterziensermönche hatten diese Architektur im Mittelalter in Spanien eingeführt.

Die Basilika Santa Maria in Castelló d'Empúries gilt nach der Kathedrale von Girona als die zweitwichtigste Kirche in der Provinz. Sie wurde von 1261 bis ins 15. Jahrhundert hinein erbaut und ist ein wunderbares Beispiel für die katalanische Gotik, da ihre Architektur nicht emporstrebt, sondern in die Breite geht. Im Innenraum gibt es keine klare Trennung zwischen Chor, Mittelschiff und den beiden Querschiffen. Berühmt ist der Altaraufsatz aus Alabaster.

Am eindrucksvollsten jedoch ist das Portal der Basilika, denn es wird von den zwölf Aposteln umrankt. Sie wirken geradezu naturgetreu, obwohl sie in Stein gemeißelt wurden. Die plastische Darstellung der Figuren fesselt den Betrachter, obwohl das prachtvolle Marmorportal bereits Anfang des 15. Jahrhunderts fertiggestellt wurde und die Figuren bereits einige Blessuren abbekommen haben. Manche sind von Wind und Wetter gezeichnet, andere scheinen erst vor Kurzem gereinigt geworden zu sein. Sie haben lange Bärte und Haare, tragen Bücher, Tücher oder Kästen in ihren Händen. Das Außergewöhnliche an ihnen ist, dass sie nicht auf Maria und das Jesuskind, das mit den Heiligen Drei Königen zwischen ihnen steht, schauen, sondern den Betrachter fixieren. Von links nach rechts sind es die Apostel Judas, Matthäus, Philippus, Thomas, Jakobus, Paulus, Petrus, Johannes, Jakobus der Jüngere, Andreas, Bartholomäus und Simon. Allen gemeinsam ist eine ungeheure Ausstrahlung und Wirkung auf den Betrachter.

Adresse Plaça Jacint Verdaguer, 17486 Castelló d'Empúries | **Anfahrt** Der Platz befindet sich am Ende der Carrer Garboner und Carrer Galines. Nach Castelló d'Empúries führt die Straße C-260 zwischen Roses, Empuriabrava und Figueres. Das Zentrum liegt rechts, zur Basilica gelangt man am schnellsten über die Carrer del Mar. | **Tipp** Ein wunderbarer Blick auf die Basilika bietet sich beim Frühstück von der Dachterrasse des Hotels Canet und von einigen Zimmern des Hotels.

CASTELLÓ D'EMPÚRIES

27 _ Das ehemalige Gefängnis
Kalte Schauer auch an heißen Tagen

In Castelló d'Empúries befindet sich ein Gefängnis, das als das älteste Kataloniens gilt. Seine erste Erwähnung stammt bereits aus dem 14. Jahrhundert. In der alten Haftanstalt kann man auf einem kleinen Rundgang durch die alten und dunklen Gemäuer die verschiedenen Zellen besichtigen, die mit einer interessanten Besonderheit aufwarten: An den Wänden gibt es – unterschiedlich gut erhalten und erkennbar – Zeichnungen, die Gefangene dort vor vielen, vielen Jahren eingeritzt haben.

Das Gefängnis ist auf zwei Etagen verteilt. Vom zentralen Innenhof gehen die winzigen Räume ab, in die kaum oder gar kein Tageslicht eindringt. Die Zeichnungen, die nur schwer zu entziffern waren, wurden mühsam rekonstruiert und sind nun auf eigens dafür angebrachten Tafeln zu sehen. Sehr häufig sind Schiffe abgebildet. In einer der Zellen sind viele eingravierte Hände zu sehen. Beinahe scheint es, als hätten die Gefangenen sie ausgestreckt, um Befreiung aus diesen dunklen Mauern zu erflehen. Eine eiserne Jungfrau ist ebenfalls zu sehen.

Die Kargheit und Härte der Gefangenschaft lässt sich hier gut nachempfinden. In einer der Zellen sitzt ein in Stein gemeißelter Gefangener – die Nachbildung eines ehemaligen Häftlings. Noch erschreckender ist eine andere Figur, die im Innenhof zu finden ist: Sie stellt den mit einem Schlüsselbund bewaffneten Wärter dar, der den Häftlingen durch die Gitterstäbe in einer Schüssel das Essen reicht. Er wirkt durchaus furchteinflößend. Das Castelló d'Empúries ist wohl der ideale Ort, um sich auch an einem heißen Tag einen kalten Schauer über den Rücken laufen zu lassen! Joan Pau, bei dem man die Tickets kauft und außerdem auf Wunsch ein Informationsblatt in deutscher Sprache erhält, spricht übrigens ein wenig Deutsch und freut sich über interessierte Besucher!

Das Gefängnis befindet sich in einem Gebäude aus dem Jahr 1336. Hier war einst auch der Sitz des Gerichts.

Adresse Plaça Jaume, 1, 17486 Castelló d'Empúries, Tel. +34 972/250859, turisme@castello.cat | **Anfahrt** Nach Castelló d'Empúries führt die Straße C-260 zwischen Roses, Empuriabrava und Figueres. Das Zentrum liegt rechts und ist zu Fuß schnell durchquert. | **Öffnungszeiten** Mo–So 9–21 Uhr | **Tipp** Zum Übernachten in Castelló d'Empúries ist das Hotel Canet empfehlenswert. Das Besondere sind das Frühstück auf der Dachterrasse mit Blick auf die ganze Stadt und der Pool, der sich in einem ehemaligen Kloster befindet.

28__Das Mehlmuseum
Es klappert die Mühle am rauschenden Bach

Mehl und Weizen bildeten einst die Lebensgrundlage der Menschen in Castelló d'Empúries, drei Mehlmühlen hatte der mittelalterliche Ort damals. Heute ist von ihnen nichts mehr zu sehen, nur der dazugehörige Bach verläuft hier immer noch. Dort, wo die Mühlen einst standen, steht nun quasi die Essenz der jahrhundertelangen Entwicklung des Ortes: das Mehlmuseum. Es zeigt die Geschichte der Männer und Frauen, die hier lebten und arbeiteten.

Der Ursprung des Bewässerungskanals, der die Mühlen über Jahrhunderte antrieb, liegt wahrscheinlich im Mittelalter. Der Kanal verläuft hinter dem Museum und wird durch den Fluss Muga in Vilanova de la Muga gespeist. Castelló d'Empúries' Landwirtschaft hat lange Zeit von der fruchtbaren Umgebung des Ortes profitiert. Heute wird zwar immer noch Weizen angebaut, und der Region gelingt es auch weiterhin, unterschiedliche Typen von Mehl zu produzieren, doch ist dies längst nicht mehr die Haupteinnahmequelle. Der Tourismus hat auch hier längst Einzug gehalten.

Das Museum ist aus verschiedenen Gründen sehenswert: Zum einen ist das Gebäude ansprechend, die moderne Architektur unerwartet, und die ausgestellten Maschinen sind nicht überall zu sehen. Außerdem ist der Einblick in die landschaftlichen Besonderheiten und das Modell der Turbine Francis, die die Umwandlung von Wasserkraft in Energie verdeutlicht, interessant. Die Ausstellung zeigt die Phasen des Verarbeitungsprozesses von Weizen: reinigen, sondieren und mahlen.

Das Mehlmuseum hat einen Laden, in dem es seit dem Sommer 2014 neben Mehlprodukten auch Papier und Bier gibt. Das Papier wurde aus Weizen hergestellt, ist reine Handarbeit und kommt aus dem Papiermuseum in Capellades. Das Bier der Marke »Santa Margarida« wird selbstverständlich auch aus Weizen der Region gebraut. Traditionsgemäß gibt es am letzten Wochenende im Mai in jedem Jahr in Castelló d'Empúries eine Brot- und Weizenmesse.

Adresse »Ecomuseu-Farinera«, Carrer de Sant Francesc, 5–7, 17486 Castelló d'Empúries, www.ecomuseu-farinera.org | **Anfahrt** Nach Castelló d'Empúries führt die Straße C-260 zwischen Roses, Empuriabrava und Figueres. Das Museum ist am Ortseingang ausgeschildert und liegt rechts – Carrer Rentador oder Carrer del Mar, dann rechts in die Carre Monturiol. | **Öffnungszeiten** Nov.–Feb. Di–Do 10–16 Uhr, Fr–Sa 10–14 Uhr, So 10.30–13.30 Uhr; März, April, Okt. Mo–Sa 10–14 und 16–18 Uhr, So 10.30–13.30 Uhr; Mai, Juni, Sept. Mo–Sa 10–14 und 16–19 Uhr, So 10.30–13.30 Uhr; Juli, Aug. täglich 10–14 und 16–20 Uhr | **Tipp** In Sant Joan de les Abadesses in der Nähe von Ripoll liegt das Ökomuseum »Molí Petit«, das die früheren Wassermühlen erklärt. Es befindet sich in der alten Mehlmühle des früheren Klosters.

29__Die Brücke von Colera

Ein Werk von Gustave Eiffel

Die Franzosen verdanken ihm ihr wichtigstes Bauwerk: den weltweit bekannten Eiffelturm – Wahrzeichen von Paris und eine der meistbesuchten Sehenswürdigkeiten überhaupt. Die Spanier verdanken Gustave Eiffel ebenfalls zwei beeindruckende Bauwerke, die lange vor dem Eiffelturm entstanden sind.

In Girona führt eine Fußgängerbrücke des Franzosen über den Fluss Onyar und verbindet den alten Teil der Stadt mit dem neueren. Die rote Brücke, die von 1876 bis 1877 erbaut wurde, ist immer noch in Betrieb. Erstaunlicherweise wirkt sie weder alt noch unmodern, sondern absolut zeitgemäß und passend. Bei einem Besuch in Girona kann sie nicht übersehen werden.

Eine wesentlich gewaltigere, geradezu monumentale Konstruktion von Gustave Eiffel befindet sich jedoch im kleinen und eigentlich unbedeutenden Colera direkt an der Küste. Colera ist ein verschlafener Ort, in dem der Massentourismus noch nicht im Vordergrund steht und der früher zu Portbou gehörte. Und wie in Portbou gibt es auch hier einen Bahnhof und eine riesige Eisenbahnbrücke, die den gesamten Ort überquert. Diese Konstruktion, mit einer Länge von 188 Metern in 20 Metern Höhe über dem Tal, stammt von Eiffel. Gesehen haben die Brücke vermutlich schon alle Reisenden, die die Küste bis zur Grenze entlanggefahren sind. Denn sie ist so dominant, dass sie nicht übersehen werden kann. Doch dass die »Pont de Colera« von dem berühmten Ingenieur stammt, wissen die wenigsten. Auch gibt es nur sehr schwammige Informationen darüber. Sicher ist, dass sie während des Krieges, als viele Küstendörfer sich vor Angriffen zu verteidigen versuchten, eine strategisch bedeutende Rolle gespielt hat – nicht zuletzt wegen ihrer Höhe. Ebenso sicher ist, dass sie vielen Menschen im Zweiten Weltkrieg und im Spanischen Bürgerkrieg zur Flucht verhalf. Obwohl die Brücke vom Meer und von der Luft aus angegriffen wurde, konnte sie nie völlig zerstört werden.

Adresse Pont de Colera, Carrer Francesc Rivera, 17496 Colera | **Anfahrt** Auf der N-260 von Llanca Richtung Portbou, nach Colera rechts einbiegen und der Straße Carrer Francesc Rivera bis zur Brücke folgen. Unterhalb der Brücke stehen zwei Infotafeln. | **Tipp** Der Bahnhof in Portbou wurde ebenfalls von Gustave Eiffel entworfen. Das Gebäude stammt aus dem Jahr 1929: erneut eine Eisenkonstruktion mit ausladenden Rundbögen.

EL PORT DE LA SELVA

30_Can Rubies
Mar y muntana

Die Region Empordà ist berühmt für ihre ideenreiche Küche. »Mar y muntana« bedeutet Meer und Berge, hierher stammen die Zutaten, die Verwendung finden: Hühnchen mit Garnelen oder Herzmuscheln, Fisch mit Pilzen und eine süße Wurst, die butifarra dulce, das sind Spezialitäten dieser Gegend. Einige davon gibt es bei Can Rubies in El Port de la Selva, einem typischen Fischerdorf: Ein paar größere Straßen verlaufen parallel zur Küste und werden durch enge Gässchen und Wege miteinander verbunden. Ein Ort mit circa 950 Einwohnern, der während der Sommermonate um ein Vielfaches anwächst. Der Laden findet sich in der Carrer de Illa Nummer 23, ganz in der Nähe vom Hafen und der Llotja, in der der frische Fisch versteigert wird. In den Regalen stapeln sich die wunderbarsten, köstlichsten und geschmackvollsten Lebensmittel: Nudelpackungen, Marmeladenkreationen aus der Region, in dekorativen Dosen die »Galletas de Birba« aus Camprodon oder eingelegter Thunfisch aus dem Nachbarort L'Escala. Es gibt hier getrocknete Pilze, französischen Käse und Wurst aus der Frischetheke, Artischockenpaste, Salz mit Anchovisaroma und außerdem eine große Auswahl an Cava und Wein.

»Colmado« werden diese Läden in Katalonien genannt. In allen sind die Regale bis unter die Decke gefüllt und auch der letzte Winkel mit Sachen vollgestellt – ein bisschen wie einst in den Tante-Emma-Läden in Deutschland. Früher gab es die Colmados sehr häufig, aber bedauerlicherweise nimmt auch in Spanien ihre Zahl ab. Can Rubies wird es hoffentlich noch lange geben, immerhin wird es in der dritten Generation geführt!

Es macht allein schon Spaß, die vielen bunten Dosen, Pappschachteln und Verpackungen anzusehen. Doch bei wahren Genussmenschen, die an Spezialitäten interessiert sind und gern kochen, wandert natürlich auch einiges in den Einkaufskorb. Willkommen im Feinschmeckerparadies!

Adresse Can Rubies, Carrer Illa, 23, 17489 El Port de la Selva, Tel. +34 972/387114 | **Anfahrt** El Port de la Selva liegt zwischen Llanca und Cadaqués und ist über die GI-612 und GI-613 zu erreichen. Die Straße führt die ganze Zeit an der Küste entlang. | **Öffnungszeiten** ganzjährig Mo–Sa 9–13.30 und 16–21 Uhr | **Tipp** Ein sehr schöner Colmado befindet sich in Girona: der »Colmado Moriscot« in der Carrer dels Ciutadans, 4. Das hat sich allerdings offensichtlich inzwischen herumgesprochen …

31 Das Weinbaugebiet Empordà

Wo Wind und Sonne Früchte gedeihen lassen

Das Empordà gilt als die Wiege des spanischen Weinanbaus. Durch die Nähe zum Mittelmeer und gleichzeitig zu den Pyrenäen herrscht in dieser Region ein Klima mit starken Kontrasten: einerseits hohe Sonnenbestrahlung und geringe Niederschläge, andererseits starke Nordwinde, insbesondere die Tramuntana. Ein Klima, das offensichtlich für den Anbau von Wein und Oliven äußerst geeignet ist. Schon im 6. Jahrhundert v. Chr., als sich hier das von den Griechen besiedelte Gebiet Emporion befand, begann man, Trauben anzupflanzen und Wein daraus zu keltern. Nach den Griechen sorgten die Mönche für den Weinanbau, legten Terrassen mit Weinstöcken an, und nach und nach entstand mit Zypressen und Steinmauern die so typische Landschaft. 1879 wurde der Blütezeit des empordanesischen Weines durch eine Reblausplage ein Ende gesetzt, wovon sich der Anbau nur langsam erholte.

Die Cooperativa de Espolla ist eine Winzergenossenschaft, die sich 1931 mit dem Ziel zusammenschloss, die Qualität des Weines wieder auf ein hohes Niveau zu bringen. Im selben Jahr entstand das Gebäudeensemble aus rotem Backstein. Espolla liegt auf der Höhe von Llanca und La Jonquera, ungefähr zehn Kilometer vom Meer entfernt. Der Gebäudekomplex besteht aus drei gleich konstruierten, großen Hallen, die in gleichmäßigem Abstand nebeneinander liegen. Umbauten wurden zwar immer mal wieder vorgenommen, aber das ursprüngliche Aussehen der Anlage blieb erhalten. Die Kooperative zählt heute zu den traditionsreichsten des Alt Empordà.

Gleich im ersten Gebäude befindet sich ein Laden, in dem Weine, aber auch Oliven, Olivenöl, Gewürze und regionales Gebäck verkauft werden. Glücklich können sich diejenigen schätzen, die mit dem Auto reisen und hier einkaufen können. Von der »Cooperativa« werden neben Weinverkostungen auch Konzerte veranstaltet.

Adresse Celler Cooperatiu d'Espolla, Carretera de Roses, 17753 Espolla, Tel. +34 972/563049 | **Anfahrt** Von Figueres auf der N-260 Richtung Llanca und dann links auf die C-252 Richtung Garriguella. Die Straße verläuft durch Weinbaugebiete bis Espolla. | **Tipp** Die Gegend ist hier sehr lieblich und hat nur ganz leichte Steigungen, sodass die Strecke ideal auch für ungeübte Radfahrer ist. Weitere Weinkellereien befinden sich in den umliegenden Orten wie Rabós, Garriguella und Peralada.

FIGUERES UND ANDERE ORTE

32___El Caganer
Krippen auf Katalanisch

Beim katalanischen Caganer (geradeheraus zu übersetzen mit Kacker oder Scheißer) handelt es sich um eine ungewöhnliche Figur, die im übrigen Spanien keine Bedeutung hat und auch nicht zu finden ist. An der Costa Brava und in ganz Katalonien jedoch ist der Caganer in vielen Souvenir- oder Kramläden zu finden: Es handelt sich um eine Plastikfigur, die ungefähr zehn Zentimeter groß ist. Da gibt es den ganz normalen Caganer, einen Bauern mit einer Schärpe und einer roten Mütze dazu. Zu entdecken sind aber auch viele bekannte Persönlichkeiten, alle dargestellt in derselben hockenden Position und mit heruntergelassenen Hosen: berühmte Fußballspieler wie Maradona oder Lionel Messi, Popstars, Schauspieler und selbstverständlich Politiker, unter anderem Barack Obama oder Angela Merkel, die angeblich von deutschen Touristen besonders gern gekauft wird.

Soweit bekannt ist, stammt der Caganer aus dem 17. Jahrhundert und darf bis heute am Weihnachtsabend in keiner katalanischen Krippe fehlen. Die Figur wird immer etwas im Hintergrund, abseits vom eigentlichen, heiligen Geschehen, aufgestellt. Vermutlich ist er eine Art Sinnbild für den Kreislauf der Natur: Man isst gut, verdaut und entleert sich und gibt damit wieder Dünger an die Erde zurück, um so für eine gute Ernte zu sorgen. Außerdem soll der Caganer so gleichzeitig einen gesunden und kräftigen Körper symbolisieren. »Menja bé, caga fort i no tinguis por a la mort!« (Iss gut, scheiße kräftig und fürchte dich nicht vor dem Tod!) – die Katalonier nennen die Dinge gern direkt beim Namen, und auch die katholische Kirche hat sich inzwischen an die Anwesenheit des Caganers gewöhnt.

Im Spielzeugmuseum von Figueres gab es auch schon eine Ausstellung, die sich nur dem Thema Caganer widmete, und im Museumsshop gibt es den Caganer in verschiedenen Versionen und auf Postkarten immer zu kaufen.

Adresse Museu dels Juguets, Carrer de Sant Pere, 1, 17600 Figueres und Souvenirläden in der ganzen Region | **Anfahrt** von der AP-7 aus der N-260 in Richtung Zentrum bis zur Avenida Salvador Dalí i Domènech folgen. Hier wird sie zur Carrer Rodes, dort am Straßenende links abbiegen und gleich wieder rechts auf die Rambla. Das Museum liegt hier auf der rechten Seite. | **Öffnungszeiten** Juni–Sept. Di–Sa 10–19 Uhr, So 11–18 Uhr; Okt.–Mai Di–Sa 10–18 Uhr, So und Feiertage 11–14 Uhr | **Tipp** Es gibt noch zwei weitere Figuren, die für die Katalanen beziehungsweise die Costa Brava stehen. Der spanische Stier und seit einigen Jahren auch der katalanische Esel, den es in den unterschiedlichsten Versionen in Souvenirläden gibt.

FIGUERES

33 Die Casa Empordà
Ausstellungen im Schlachthaus

Jahrzehntelang wurden hier die Tiere über den Platz getrieben und zur Schlachtbank geführt. Heute heißt das ehemalige Schlachthaus Casa Empordà und präsentiert heimische Produkte, Errungenschaften und Ausstellungen. Natürlich wird hier auch das Erbe von Salvador Dalí gewürdigt, dessen im Jahr 2014 in einer Ausstellung gedacht wurde. Gründe gibt es dafür viele: Dalí wuchs gleich um die Ecke in der Carrer Monturiol 20 auf, er ist vor rund 25 Jahren gestorben, und sein verrücktes Museum, das quasi zum Pflichtprogramm aller Costa-Brava-Reisenden gehört, feierte 40-jähriges Bestehen. Die Ausstellung zeigte nicht in erster Linie das Können des Künstlers, sondern porträtiert und analysiert Dalí aus der Sicht der Journalisten. 2015 geht die Sammlung auf Wanderschaft durch den Verwaltungsbezirk Girona.

Das Schlachthaus selbst ist ein architektonisch interessantes Gebäude und war noch bis ins Jahr 1976 funktionstüchtig. 1846 wurde es in Betrieb genommen, die heutige Anlage entstand 1902. Das war die Zeit des katalanischen Modernisme, der in Figueres von dem Architekten Josep Azemar i Pont geprägt wurde. Er schuf einige Bauten in unmittelbarer Nähe, darunter jene an der Rambla mit den Hausnummern 20 (Casa Cusí), 27 (Casa Puig-Soler) und 16 (Casa Salleras).

Das alte Schlachthaus wurde von Azemar einfach und zweckmäßig ausgestattet. Heute hängen von den hohen Deckenbalken der großen Halle Lampen herunter, dort, wo früher vermutlich Schweine- oder Rinderhälften hingen.

Das Gebäude stand eine ganze Weile leer, bevor es abgerissen werden sollte. Dagegen wehrten sich die Bürger, und das Schlachthaus fand eine neue Funktion: Seit 1991 ist es Ausstellungsraum und historisches Archiv. Außerdem finden hier Messen, Märkte und kulturelle Aufführungen (auf einer Fläche von 275 Quadratmetern) statt. Ziel ist es, lokale Produkte oder Personen bekannt zu machen.

Adresse Casa Empordà, Plaça de L'Escorxador, 17600 Figueres | **Anfahrt** Über die AP-7 Richtung Figueres und dann auf die N-260, die um das Zentrum führt. Im Zentrum über die Rambla und dann Carrer Monturiol zu erreichen. | **Öffnungszeiten** während der Ausstellungen täglich 10–13 und 17–21 Uhr | **Tipp** Ganz in der Nähe findet immer am Dienstag, Donnerstag und Samstag von 9 bis 14 Uhr auf der Plaça Gra der Obst- und Gemüsemarkt statt. Und an jedem 3. Samstag im Monat ein Trödelmarkt auf der Rambla.

FIGUERES

34 __ Das Castell de Sant Ferran
Das größte Bauwerk in Katalonien

Das Castell de Sant Ferran ist eine Anlage der Superlative: Der militärische Befestigungskomplex hat einen Umfang von 3.120 Metern. Es ist das größte Bauwerk Kataloniens und gleichzeitig die größte Festung in Europa aus dem 18. Jahrhundert. Allein die Fertigstellung der Mauern dauerte mehr als 13 Jahre – und das, obwohl jeden Tag 4.000 Mann daran arbeiteten. Die Festung liegt auf einem Plateau oberhalb von Figueres und ist nur circa einen Kilometer vom Stadtzentrum entfernt – und dennoch absolut solitär. Während Menschenströme nach Figueres kommen, um das Dalí-Museum zu sehen, halten sich hier die Besucherzahlen in Grenzen. Dabei hat sogar einst der Meister des Surrealismus höchstpersönlich hier gedient.

Die Festung Castell de Sant Ferran war schon Schauplatz der neapolitanischen Kriege und während des Franco-Regimes Internierungslager für Flüchtlinge des Dritten Reiches. Das Areal beherbergte früher 6.000 Soldaten. 500 Pferde fanden in den Stallungen gleich neben dem heutigen Eingang Platz. Die Zisternen der Anlage haben ein Fassungsvermögen von neun Millionen Liter Trinkwasser. Sie lassen sich mit Booten durchfahren. Ein Spaziergang oder eine Spazierfahrt mit Jeeps in diesem riesigen Areal lohnt sich: Es bieten sich Einblicke in die Festung und Ausblicke von meterdicken Mauern über die Ebene des Empordà mit den Pyrenäen am Horizont.

Erst im Jahr 1997 verließ das spanische Militär die Festung, und das Gebäude wurde für die Öffentlichkeit zugänglich gemacht. Eine Genossenschaft, die sich aus Vertretern der Region Girona, der Stadt Figueres und des Verteidigungsministeriums zusammensetzt, kümmert sich um die Anlage und deren Unterhaltung. Für die Familien des Ministeriums steht auch ein sonst nicht zugänglicher Bereich mit eigenem Schwimmbad zur Verfügung. Die ehemaligen Soldatenwohnungen wurden renoviert, Ausstellungen und Konzerte finden regelmäßig statt.

Adresse Pujada del Castell, 17600 Figueres, Tel. +34 972/506094, www.lesfortalesescatalanes.info | **Anfahrt** Aus Figueres über N-IIa Richtung Norden (La Jonquera) liegt die Festung unübersehbar auf der linken Seite. Von der AP-7 aus Richtung La Jonquera kommend über die GIP-5106. | **Öffnungszeiten** Juli–Mitte Sept. täglich 10.30–20 Uhr; im restlichen Jahr täglich (Mo nur nach Anmeldung) 10.30–14 Uhr | **Tipp** Einen eindrucksvollen Blick auf die Wasserleitungen hat man von der GIP-5106 (von der Autobahn AP-7 kommend). Einen besonderen Einblick liefern auch die Rundfahrten mit Jeeps in der Festung.

35 __ Das Denkmal
Dalí war vermutlich sein größter Verehrer

Am Ende der Rambla von Figueres steht ein Denkmal zu Ehren eines Mannes, den heute nur die wenigsten kennen. Narcís Monturiol ist sein Name, er war Erfinder. 1859 baute er das erste U-Boot der Welt. Nach vielen Versuchen, unter Wasser zu fahren, musste er es schließlich aus Geldmangel verschrotten und geriet selbst allmählich in Vergessenheit. Bis seine Geburtsstadt Figueres ihm das Denkmal setzte.

Narcís Monturiol experimentierte jahrzehntelang an seinem unterwassertauglichen Boot. Die Idee war ihm in Cadaqués gekommen, als er den Perlentauchern zusah und einer von ihnen tödlich verunglückte. Das war für ihn unfassbar, sodass er sich in den Kopf sctzte, ein Boot zu entwickeln, das auch unter der Wasseroberfläche fahren kann. Salvador Dalí war ein großer Bewunderer Monturiols, weil er selbst so gern Erfinder gewesen wäre. Als junger Mann hatte Monturiol jedoch ganz andere Dinge im Kopf. Seine Eltern hätten ihn gern als Priester gesehen, aber ihn interessierte Medizin. Als der Spanische Bürgerkrieg ausbrach, kam alles anders: Er unterstützte die katalanische Unabhängigkeitsbewegung, flüchtete ins Exil, kämpfte jedoch weiter für die sozialistischen Ideen und ein besseres Leben der Arbeiter. Er begann, Jura zu studieren, arbeitete als Setzer und Journalist.

1851 macht er seine ersten Erfindungen, die ihn viele Jahre später vor der Armut retten sollten: eine Maschine zur Herstellung von Notizbüchern und eine Maschine zum Rollen von Zigaretten. Als er 1856 nach Cadaqués in den Untergrund fliehen muss, beobachtet er den Unfall des Perlentauchers bei einem seiner Spaziergänge am Cap de Creus. Jahre der Forschung und des Experimentierens folgen. 1859 gelingt ihm die Jungfernfahrt mit seinem ersten U-Boot. Er nennt es »Ictíneo I«. Das Nachfolgemodell »Ictíneo II« wurde das erste U-Boot mit einem mechanischen Antrieb. Die Vollendung seiner Idee gelang ihm nicht.

Adresse Carrer de la Rambla, 17600 Figueres | **Anfahrt** Über die AP-7 Richtung Figueres und dann auf die N-260, die um das Zentrum führt. Das Denkmal liegt gegenüber dem Hotel »Rambla«. | **Tipp** In Figueres gibt es in der Carrer Fossos 12 ein Technikmusuem »Museu de la Tècnica de l'Empordà«, in dem alte Maschinen wie Motorräder, Schreibmaschinen, Kassen, Telefone und Nähmaschinen zu sehen sind.

FIGUERES

36 — La Pau
Unerwartete Illustrationen

Tagsüber ist es lebendig in Figueres. Vor allem rund um das Dalí-Museum und in der Altstadt. Doch wenige Schritte von der Rambla entfernt, vor dem alten Stadttheater, ist es ganz anders. Hier sind nur wenige unterwegs, sodass das Jugendstilgebäude besonders wirkt. Auf dem Platz davor stehen ein modernes Denkmal zu Ehren des Schriftstellers Josep Pla und eine kleine Bude: »Chiringuito« nennen sich die kleinen Häuschen, die es überall in der Region gibt.

Und dann ist da noch ein kleines Café, eine echte Oase der Ruhe. »Cafeteria – Llibreria La Pau« heißt es. Es riecht nach Holz, das Gemäuer von 1870 ist zu sehen, alte und moderne Elemente wurden bei der Inneneinrichtung geschickt kombiniert. Der Boden ist mit bunten Fliesen ausgelegt, Windlichter sind verteilt, und zwei Ohrensessel stehen in einer gemütlichen Ecke. An einer Wand steht das Wort Frieden in vielen verschiedenen Sprachen. Das Café bietet nur ökologische Produkte an, ayurvedische Tees und Limonaden ohne Zusatzstoffe, wie zum Beispiel Bionade. Angeschlossen ist eine esoterische Buchhandlung. Diese Art von Café ist in Spanien eher eine Seltenheit, denn das Umweltbewusstsein ist hier viel weniger ausgeprägt als zum Beispiel in Deutschland. Und die Themen Bioprodukte oder ökologischer Anbau sind eher zweitrangig.

Besonders auffällig ist jedoch das Corporate Design des Cafés: die Gestaltung der Speisekarten, der Visitenkarten, der Fenster und sogar der Toilettenschilder. Der Illustrator Jaume Tenes, ein alter Freund des Cafébesitzers, war hier am Werk. Modern und zeitgemäß sollte der Stil werden und zu dem gegenüberliegenden Theatre Municipal El Jardí im Stil des Modernisme passen. Auf den Fenstern ist die Silhouette von Figueres zu sehen, denn Skylines gehören zu den Lieblingsmotiven des Illustrators. Die von Figueres hat er selbst entwickelt – die Stadt ist sofort zu erkennen. Das war ein Anliegen des Künstlers, um Identifikation und Loyalität zu schaffen.

Adresse Carrer Sant Pau, 3, Plaça Josep Pla, 17600 Figueres, Tel. +34 972/512075, www.lapau.org | **Anfahrt** Über die AP-7 Richtung Figueres und dann auf die N-260, die um das Zentrum führt. Die Straße Sant Pau zweigt gegenüber dem Spielzeugmuseum von der Rambla ab. | **Öffnungszeiten** Mo 16–21 Uhr, Di–Sa 8–21 Uhr | **Tipp** Für eine Übernachtung in Figueres ist das direkt an der Rambla gelegene Hotel »Rambla« empfehlenswert, da von hier alle Sehenswürdigkeiten fußläufig erreichbar sind. Einige Schritte entfernt, in der Carrer Monturiol, 2, befindet sich die Cerveseria »Dynamic« – ein modernes Bierlokal.

FIGUERES

37 — Pep Venturas Denkmal
Sardanatänzer, vereint im Reigen

Auf der Plaça de Josep Tarradellas, einem unscheinbaren Platz, befindet sich ein Denkmal für Pep Ventura, der mit bürgerlichem Namen Josep Maria Ventura i Casas hieß. Nach dem Tod seiner Mutter wuchs er bei seinem Großvater auf. Seine Jugend soll er größtenteils auf der Straße verbracht haben, wo er auch das Flötespielen auf selbst gebastelten Instrumenten lernte. Man vermutet, dass er ab dem 18. Lebensjahr in der Cobla von Figueres spielte.

Als es Mitte des 19. Jahrhunderts in Katalonien eine Phase der Wiedergeburt der katalanischen Kultur gab und Sprache und Traditionen wieder auflebten, begann sich neben der Architektur (Modernisme) unter anderem auch die Musik zu verändern. Und Pep Ventura war derjenige, der die alte Form der Sardana weiterentwickelte. Dabei nutzte er zahlreiche Volkslieder als Vorlage, was viele Leute begeisterte. Außerdem erneuerte er die »Cobla«, das begleitende Orchester.

Die Cobla bestand bis dahin aus fünf bis sieben Spielern, wurde aber unter Pep Ventura mit neuartigen Blechblasinstrumenten zu einem elfköpfigen Orchester mit lustigerweise zwölf Instrumenten! Der Spieler der katalanischen Einhandflöte (flabiol) bedient nämlich zusätzlich ein Tamborin. Pep Ventura war ein fleißiger Musiker und schrieb mehr als 550 Musikstücke. Dazu zählten neben Chorkompositionen viele Sardanas. Das Monument in Figueres wurde 1968 ihm zu Ehren an diesem Platz errichtet.

Während der Sommermonate gibt es an der Costa Brava zahlreiche Veranstaltungen, auf denen man dem katalanischen Reigentanz zusehen kann. Mittanzen darf jeder, aber die Schrittfolgen sind nicht so einfach, wie sie auf den ersten Blick erscheinen! Sardana gibt es zum Beispiel in Cadaqués jeden Samstag und in L'Escala jeden Mittwoch. Ein Schauspiel, das absolut einzigartig und sehenswert ist, denn es ist anrührend, wie Jung und Alt sich dabei sorglos zum Tanz formieren.

Adresse Denkmal: Plaça de Josep Tarradellas, 17600 Figueres | **Anfahrt** Rambla und Carrer Monturiol folgen, bis links die Carrer Pella i Forgas abgeht (hinter Casa Empordà), und der Straße bis zum Platz folgen. | **Tipp** Sardana in L'Escala direkt am Meer, jeden Mittwoch ab 22 Uhr: Der ganze Ort ist auf den Beinen, und die meisten Geschäfte im Zentrum haben noch geöffnet. Sonst am besten im jeweiligen Tourismusbüro vor Ort nachfragen, wo Veranstaltungen stattfinden!

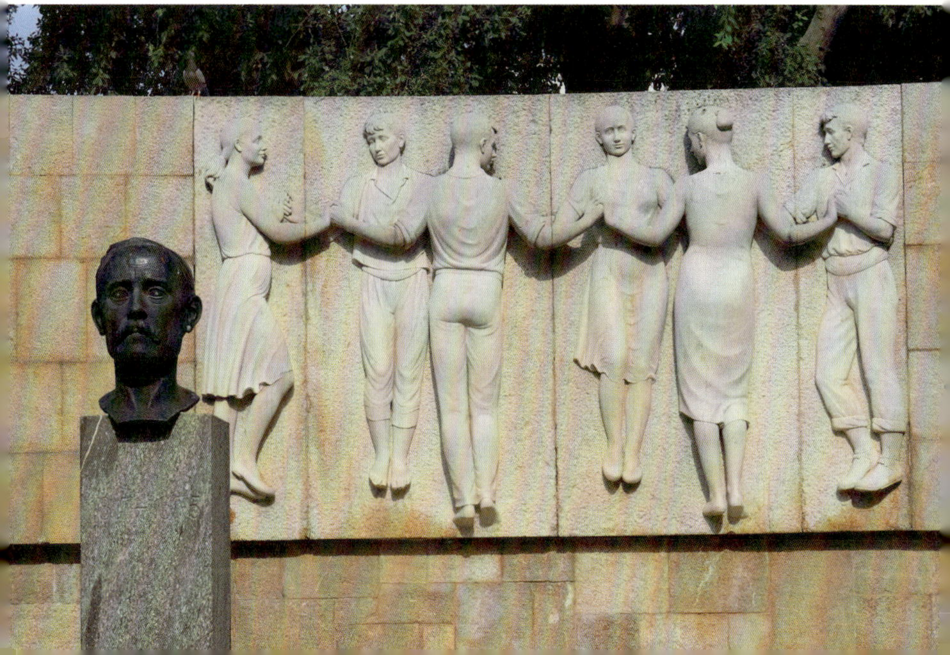

FIGUERES

38_Die Rambla
Straße zum Meer

Bei Rambla denken die meisten augenblicklich an Barcelona. Doch an der Costa Brava existieren viele Ramblas: in Olot oder Portbou, in Tossa de Mar oder in Sant Feliu de Guíxols, wo es gleich zwei gibt, und in vielen anderen Orten. Die Rambla einer Stadt in Spanien ist zumeist die beliebteste Flaniermeile, beschattet von Platanen, umgeben von Prachtbauten. Es ist die Küstenstraße oder die Straße, die zum Meer führt, oder einfach die wichtigste und beliebteste Straße – mit den meisten Geschäften und Cafés wie zum Beispiel in Girona.

In Figueres führt die Rambla Richtung Meer. Dennoch ist sie etwas Besonderes, denn sie ist ruhig – selbst in der Hauptsaison. Ursprünglich stand hier eine Mühle, und der Bach Galligans floss daran vorbei. Doch der wurde aus hygienischen Gründen zugeschüttet. Die Rambla wurde von 1831 bis 1840 erbaut. Sie liegt im Zentrum der Stadt und ist umgeben von prachtvollen alten Gebäuden, wie den Jugendstilhäusern Casa Cusí (Nummer 10), der Casa Puig-Soler (27) oder Salleras (16), in denen sich heute Geschäfte, Banken, Restaurants und Cafés befinden. Damals spielte sich hier das gesellschaftliche Leben ab. Auch die Platanen, die den Platz überschatten, wurden bereits vor mehr als 150 Jahren angepflanzt. Die heutige Form der Flaniermeile entstand jedoch erst im Jahr 1917, als die Stadt ihrem großen Erfinder Narcís Monturiol (siehe Seite 78) ein Denkmal setzen wollte. Es befindet sich am Ende der Straße. In den letzten Jahren wurde die Rambla von Figueres dann wieder umgestaltet und sollte für den Verkehr komplett gesperrt werden. Doch dies hätte zu einem Verkehrschaos geführt.

Aber auch so ist sie ein ruhiger, schattiger Platz, von Bänken gesäumt, die zum Verweilen einladen. Denn vom geschäftigen Treiben rundherum und den vielen Touristen, die das Dalí-Museum besuchen, ist hier nicht viel zu spüren. Nur bei Veranstaltungen wird es turbulent.

Adresse Carrer de la Rambla, 17600 Figueres | **Anfahrt** Über die AP-7 Richtung Figueres und dann auf die N-260, die um das Zentrum führt. Einige Hotels an der Rambla, wie das Hotel »Rambla«, sind ausgeschildert. | **Tipp** An der Rambla gibt es einige hübsche Lokale. Das Restaurant Sentits ist eher klein und unauffällig, hat aber sehr leckere und etwas ungewöhnlichere Tapas.

39 — Das Spielzeugmuseum
Unterhaltung für jede Generation

Untergebracht ist es im ehemaligen »Hotel de Paris« und befindet sich so im Herzen der Stadt, in unmittelbarer Nähe der Ramblas von Figueres. Im Spielzeugmuseum »Museu del Juguete« kommen alle auf ihre Kosten (Kinder, Eltern und Großeltern), und die Spielzeuge aus den vielen Epochen können gleichzeitig als eine Art Brücke zwischen den verschiedenen Generationen gesehen werden. Das Museum hat in den letzten Jahren schon einige Preise gewonnen, wie zum Beispiel 1999 den Nationalpreis für Kultur.

Hier gibt es Puppenstuben und -küchen, ein Küchenset vom Starkoch Ferran Adrià, Drehorgeln und lustige Kasperlfiguren, die unterschiedlichsten bunten Kreisel, altes Holz- und Blechspielzeug, Brettspiele, Schaukelpferde, Puzzle, Kinderkinos (NIC-Cine wurde früher in Katalonien sehr erfolgreich hergestellt), Kartenspiele, Bauklötze und Metallbaukästen, katalanische Puppen aus Karton und vieles mehr; insgesamt sind mehr als 4.000 Einzelstücke zu bewundern. Es werden auch viele Fotos aus unterschiedlichen Epochen gezeigt, auf denen Kinder mit dem ausgestellten Spielzeug spielen. Auf diese Weise kann der Besucher die Ausstellungsstücke zeitlich besser einordnen. Selbstverständlich fehlen auch katalanische Eigenheiten wie der Caganer (siehe Seite 72) nicht. Und dann gibt es eine Vitrine, die mit Spielzeug bestückt ist, das in anderen Ländern wohl nicht so leicht zu bekommen ist: Kirchen im Miniaturformat, ähnlich den Puppenstuben, aber eben mit Altären, Kerzenleuchtern und Heiligenbildern ausgestattet. Außerdem Messdienerkleidung, die wohl als Kostüm gedacht war.

Zu guter Letzt darf das Spielzeug berühmter katalanischer Persönlichkeiten, neben Joan Miró und Federico García Lorca allen voran natürlich Dalí, nicht unerwähnt bleiben. Vom großen Meister ist der Teddybär »Don Osito Marquina« zu sehen, und im angeschlossenen Museumsshop gibt es darüber auch ein Büchlein und auf der Website des Museums eine kostenlose Broschüre.

Adresse Museu del Juguete, Hotel París, Carrer de Sant Pere, 1, 17600 Figueres, Tel. +34 972/504585, www.mjc.cat | **Anfahrt** Über die AP-7 Richtung Figueres und dann auf die N-260, die um das Zentrum führt. Das Museum liegt direkt an der Rambla von Figueres, der Eingang befindet sich an der Carrer de Sant Pere. | **Öffnungszeiten** Juni–Sept. Di–Sa 10–19 Uhr, So 11–18 Uhr; Okt.–Mai Di–Sa 10–18 Uhr, So und Feiertage 11–14 Uhr | **Tipp** Ein weiteres Spielzeugmuseum gibt es in Sant Feliu de Guíxols. Mehr als 3.500 Spielzeuge aus über 150 Jahren sind dort ausgestellt. Und im Castell d'Aro (Santa Cristina d'Aro) gibt es ein Puppenmuseum.

40 Auf der alten Stadtmauer
Besondere Ausblicke und Eindrücke

Girona hat viel zu bieten und ist eine unglaublich schöne und interessante Stadt mit Geschichte. Eine besondere Perspektive auf Girona bietet ein Rundgang auf der alten Stadtmauer. Es gibt verschiedene Möglichkeiten, zu starten: Von der Carrer del Bisbe Cartana führt eine Tür – die immer geöffnet ist – in den »Garten der Französin« (Jardins de la Francesa), einen terrassenförmig angelegten Garten. Hier ist ein Wasserspeier in der Form einer Frau zu sehen (an der Apsis der Kathedrale), die »die Hexe« genannt wird. Angeblich soll die in der Hexenkunst bewanderte Frau so lange Steine auf eine vorbeiziehende Prozession geworfen haben, bis sie schließlich selbst in der Wand der Kathedrale mit dem Gesicht nach unten versteinert wurde.

Hinter der Kathedrale beginnt der »Passeig de la Muralla«, der von 1985 bis 1998 auf dem alten Weg der Stadtmauer aus dem 14./15. Jahrhundert angelegt wurde. Er führt entlang des Gotteshauses und bietet wunderbare Ausblicke auf die Stadt und den Fluss Ter im Hintergrund. Es geht am Pedret-Viertel am Berg Montjuic vorbei, am Portal de Sant Cristòfol und dem »Garten der Deutschen« (rechter Hand). Hier sind noch Ruinen einer Kaserne zu sehen, in der Ende des 17. Jahrhunderts deutsche Soldaten lebten. Kurz danach kommt der höchste Punkt und spektakulärste Aussichtsplatz der Route: der Sankt-Dominikus-Turm, der früher zu einer Befestigungsanlage gehörte, bevor sie zu einem Wasserdepot umfunktioniert wurde. Nach dem Turm fällt die Route langsam ab und endet gleich neben dem alten Kloster Sant Pere de Galligants, den arabischen Bädern und der Kathedrale.

Der Rundweg ist so lohnenswert, weil er ganz neue Eindrücke liefert. Er ermöglicht Blicke in die Hinterhöfe und Gärten der Gironeser sowie die Sicht auf bunte Keramikdächer oder Kirchturmspitzen und bis zum Stadtrand und in die Ferne. Besonders schön ist es hier am frühen Morgen oder am Abend.

Adresse Passeig de la Muralla, 17004 Girona | **Anfahrt** Es gibt mehrere Aufgänge zur Stadtmauer. Der »Passeig de la Muralla« ist ausgeschildert. Er beginnt hinter der Kathedrale; oder von der Carrer del Bisbe Cartana über den Garten der Französin oder neben dem Universitätsgebäude (Plaça Josep Ferrater i Móra). | **Tipp** Entlang des Flusses Ter gibt es die Pedret- und Sant-Daniel-Route (Carrer de Pedret), die vom Devesa-Park aus gestartet werden kann.

41 Die Barocktreppe
Ein Weg zum höchsten Punkt der Stadt

Die mächtige Treppe der Kathedrale, die zur Plaça de la Forca hinunterführt, ist tagsüber und am Abend ein beliebter Treffpunkt von jungen Leuten, Studenten und Besuchern der Stadt. Hier sitzen sie in kleinen Grüppchen zusammen, trinken ihr Bier oder eine Cola aus der mitgebrachten Dose und unterhalten sich. Zwischendurch geht jemand los und holt Nachschub, oder sie ziehen weiter in eine der vielen Bars von Girona. In lauen Sommernächten sitzen sie zuweilen den ganzen Abend hier und treffen viele Bekannte. Und laue Sommernächte gibt es ja reichlich in dieser Region …

Die Treppe wurde im 17. Jahrhundert im Stil des Barock in ihrer heutigen Form angelegt. Ihre drei mal dreißig Stufen führen von der Plaça de la Forca (an der sich auch ein Café befindet) direkt auf das Portal der Kathedrale Santa Maria zu. Der Blick, der sich von unten am Treppenabsatz nach oben bietet, ist beeindruckend. Vermutlich sollte den Menschen früher Ehrfurcht und Demut vor dem Gotteshaus eingeflößt werden, denn angesichts dieser übermächtigen Architektur fühlt sich der Betrachter auch heute noch klein. Das Hauptportal der Kathedrale ist fünf Meter hoch, die Fassade stammt ebenfalls aus dem Barock. Außerdem verfügt das Innere des Gotteshauses über das breiteste gotische Kirchenschiff der Welt und den berühmten Schöpfungsteppich »Tapís de la Creatió«. Jahrhundertelang wurde an dem beeindruckenden Gebäude gebaut.

Die Kathedrale Santa Maria liegt am höchsten Punkt der Stadt, und es eröffnen sich oberhalb der 90 Stufen phantastische Blicke auf die Dächer von Girona und die Berge weit im Hintergrund. Hier, an der Seite beim Karlsturm, befindet sich auch ein ungewöhnlicher Wasserspeier: Der Legende nach soll eine Hexe die Kirche zur Lästerung mit Steinen beworfen haben und wurde zur Strafe selbst versteinert. Von da an konnte durch ihren Mund nur noch reines Wasser fließen, und ihren Blick konnte sie nie mehr gen Himmel richten …

Adresse an der Carrer de la Forca, 17004 Girona | **Anfahrt** Über die AP-7 oder NII-A Richtung Zentrum und dann Richtung Kathedrale. Sie ist quasi überall sichtbar und ausgeschildert. | **Tipp** Eine interessante Treppenführung hat in der Nähe die Pujada de Sant Domènec: Die Treppe teilt sich auf halber Strecke. Auch das Judenviertel »Call« von Girona durchziehen Treppen.

GIRONA

42 — Das Blumenfest
Bunte Überraschungen in der ganzen Stadt

1954 organisierte Maria Cobarsí gemeinsam mit einigen Frauen das erste Mal ein Fest, das sich im Laufe der Zeit zu einer bekannten Größe der Stadt Girona entwickeln sollte: »Temps de flors«, zu Deutsch: »Zeit der Blumen«.

Wer sich darunter Blumenteppiche oder bunte Beete vorstellt, sollte sich auf eine angenehme Überraschung gefasst machen. Es gibt die ausgefallensten Kreationen: aus leeren Plastikflaschen gebastelte Blüten, die in den Bäumen hängen und in der Sonne glitzern; Spanholzschachteln, die kunstvoll mit Gräsern und Blättern bemalt sind und so übereinandergestapelt werden, dass daraus beinahe eine Skulptur entsteht; bunte Glühbirnen, die an Nylonfäden aufgehängt sind, mit Wasser und schönen Blüten gefüllt …

2014 konnte man 185 Blütenobjekte sehen, verteilt in Gärten, an Monumenten, Kirchen oder in Höfen, die während dieser Zeit für die Öffentlichkeit zugänglich waren. Heute wird das Fest außerdem von Konzerten und einem A-capella-Festival begleitet. Vielleicht ist es die beste Zeit, um die Stadt kennenzulernen. Der ganze Ort wird zum Blütenmeer, von Farben und Düften überflutet und mit künstlerischer Hingabe und Feinfühligkeit gestaltet.

2014 war auch das Jahr, in dem das Blumenfest zum ersten Mal ohne seine Gründerin stattfand, denn Maria Cobarsí starb ein Jahr zuvor. Daraufhin hatte jemand die Idee, viele bunte Papierfalter herzustellen und diese an den verschiedensten Orten anzubringen. Zuallererst hingen sie nur an dem Haus, in dem Maria Cobarsí gelebt hatte, und rankten sich dort wie ein buntes Efeugewächs an den Fenstern und unter dem Bogengang des Hauses entlang. Nach und nach folgten viele diesem Beispiel, und überall in der Stadt stieß man nun auf die kleinen bunten Falter: an Lampen unter einem Gewölbe, an Wänden oder Balkongittern. Monatelang waren die Falter zu sehen. Was für eine schöne Hommage an eine Frau, die so viel für die Stadt Girona geleistet hat.

Adresse 17004 Girona | **Anfahrt** Über die AP-7 oder NII-A Richtung Girona-Zentrum. | **Öffnungszeiten** Temps de Flors Girona startet jedes Jahr am 2. Samstag im Mai, Informationen dazu gibt es auf www.gironatempsdeflors.cat | **Tipp** Jedes Jahr im September gibt es in Girona auch ein zweiwöchiges Jazz-Festival. Die Konzerte finden in historischen und symbolträchtigen Räumen und unter freiem Himmel statt.

43 __ Die Farinera Teixidor

Masós eindrucksvollstes Gebäude

Früher wurde hier Korn zu Mehl gemahlen, heute werden hier Wörter und Geschichten verarbeitet. Die alte Mehlfabrik Farinera Teixidor von dem in Spanien, vor allem aber in Katalonien berühmten Architekten Rafael Masó beherbergt inzwischen die Redaktion der katalanischen Tageszeitung »El Punt Avui«. Das Blatt ist aus dem Zusammenschluss der Zeitungen Avui aus Barcelona und El Punt aus Girona entstanden und produziert hier eine gedruckte Zeitung (Auflage rund 300.000) und die Online-Version, mit der über 600.000 Leser erreicht werden.

Ein prachtvolleres und außergewöhnlicheres Gebäude hätte sich der Verlag für seine Redaktion nicht aussuchen können. Der Architekt Rafael Masó i Valenti lebte von 1880 bis 1935 in Girona und war der wichtigste Vertreter des Modernisme in dieser Region. Er plante die Mehlfabrik und viele andere Gebäude, die bis heute zu den bedeutendsten Sehenswürdigkeiten der Stadt gehören. Die meisten Besucher schauen sich die Casa Masó, das Geburtshaus des Architekten, an oder die Apotheke Saguer.

Die Farinera Teixidor liegt in der Nähe des Bahnhofs, einige hundert Meter entfernt vom Zentrum. Das Grundstück und das Gebäude können betreten werden. Durch das reich geschmückte Tor gelangt man zum Eingang des Verlagsgebäudes (linker Hand) und zur Kantine (rechter Hand), die auch für die Öffentlichkeit zugänglich ist. Die Farinera Teixidor ist eine burgähnliche Konstruktion, in der viele Elemente des katalanischen Modernisme zu finden sind: kleine und große Türme, Kacheln, buntes Glas, gusseiserne Elemente und Verzierungen. Überall entdeckt der Betrachter architektonische Raffinessen: an den Fenstern, Türen, Dächern oder Mauern, bei der Farbauswahl und den Formen. Für alle Jugendstilliebhaber ist die alte Mehlfabrik eine Augenweide und ein absolutes Muss. Und schräg gegenüber die Casa de la Pinxa ebenfalls.

Adresse Passatge de la Farinera, 4, 17005 Girona | **Anfahrt** Über die AP-7 oder NII-A Richtung Bahnhof. Die Straße befindet sich dahinter. Vom Zentrum führt die Carrer de Jaume I zur Mehlfabrik. Rechts abbiegen in die Carrer de Santa Eugenía bis zur Nummer 42, gegenüber liegt die Mehlfabrik (rechts). | **Öffnungszeiten** Mo–Fr 7.30–19.30 Uhr, Sa 7.30–16.30 Uhr | **Tipp** Über das Tourismusbüro kann eine Führung zur »Modernistischen Route Rafael Masó« in vielen Sprachen gebucht werden (Tel. +34 972/211678); die »Fundacio Rafael Masó« befindet sich in seinem Geburthaus im Zentrum und kann ebenfalls besichtigt werden.

44 Die Farmàcia Saguer
Ein Blick ins Innere führt in die Vergangenheit

Diese kleine, aber äußerst feine Apotheke ist so sehenswert, weil nahezu jedes ihrer modernistischen Details von dem Architekten Rafael Masó entworfen wurde. Zudem ist sie sein erstes Werk in Girona und beispielhaft für seinen Versuch, die Innenarchitektur mit dem äußeren Erscheinungsbild zu verbinden. Ein Blick in die Apotheke ist absolut faszinierend, da sie viele Elemente der Stilrichtung des Noucentisme aufweist und noch genau so erhalten ist, wie Masó sie vor mehr als 100 Jahren plante. Er entwarf die Fassade, die Regale, Stühle, Lampen und sogar Apothekengefäße und Taschen. Hierbei bevorzugte er glasierte Keramik, schmiedeeiserne Regale und Blumenmotive. Eine Girlande aus Malven umrankte einst die Fassade, die inzwischen nicht mehr original ist. Großen Wert legte der Architekt auf kunsthandwerkliche Ausführungen.

Rafael Masó selbst stammte aus einer gebildeten Familie in Girona und liebte seine Heimatstadt über alles. Der Vater prägte schon früh die künstlerischen Interessen des Sohnes, und Masó wurde ein Bewunderer von Antoni Gaudí. Zum Architekturstudium ging er nach Barcelona und schloss sich dort einer Gruppe von Künstlern und Schriftstellern an. Gemeinsam entwickelten sie den Noucentisme (eine Alternative zum damals vorherrschenden romantischen Modernisme), der mit einer neuen katalanischen Bewegung einherging und Politik und Kultur miteinander verband. Dies hing auch mit dem Streben des immer selbstbewussteren Bürgertums nach einem unabhängigen Katalonien zusammen.

Masó selbst arbeitete nicht nur als Architekt, sondern trat auch als Dichter, Politiker, Stadtplaner und Förderer von Kunst und Literatur in Erscheinung.

Neben der Farmàcia Saguer sind in Girona noch die Jugendstil-Apotheke Farmàcia Plana und die Farmàcia Hospital de Santa Catarina aus der Barockzeit sehenswert. Letztere ist jedoch nur äußerst selten und nur mit Voranmeldung zu besichtigen.

Adresse Farmàcia Saguer, Carrer de L'Argenteria, 29, 17004 Girona; Farmàcia Plana: Plaça de les Castanyes, 9, 17005 Girona; Farmàcia Hospital de Santa Catarina, Plaça Hospital, 17002 Girona | **Anfahrt** Über die AP-7 oder NII-A Richtung Zentrum, am besten direkt am Riu Onyar parken. Am Passeig General Mendoza gibt es Parkbuchten (über Carrer del Carme zu erreichen). Der Fußgängerzone folgen über Plaça de Catalunya in die Carrer de L'Argenteria, man geht automatisch auf die Apotheke zu. | **Öffnungszeiten** Mo–Sa 9–13.30 und 16.30–20 Uhr | **Tipp** Weitere interessante Apotheken sind die Farmàcia Joaquim Suner in der Straße Cavallers, 4, 17200 Palafrugell, und die Farmàcia Ruscalleda, Carrer Major, 33, in 17220 Sant Feliu de Guíxols.

45 Das Filmmuseum
Wie Licht Bewegung erzeugt

Das Faszinierende eines Besuchs im Filmmuseum von Girona ist nicht die Größe der Sammlung. Besonders interessant ist, mit welchen Ideen und Tricks gearbeitet wurde, um Bilder zum Leben zu erwecken. Zum Beispiel gibt es dort bunte Zeichnungen, hinter denen sich eine Lichtquelle befindet. Wird das Licht vorne im Schaukasten ausgeschaltet, bemerkt man, dass die Laternen der Straßenszene, die dort abgebildet ist, Perforationen haben, durch die nun kleine Lichtpunkte leuchten. Die Straßenszene verändert sich deutlich, und es entsteht ein ganz besonderer Zauber. Dies waren die simplen Mittel, die zur Verfügung standen, mehr gab es bis um 1800 einfach noch nicht.

Allmählich entwickelt der Besucher ein Gefühl dafür, dass der Ton und auch die übrigen wachsenden technischen Möglichkeiten das Publikum von einst, für das sie ganz neu waren, überfordern konnten. Oder wie Charlie Chaplin es hier in einem sentimentalen Zitat ausdrückt: »Tonfilme? ... Sie ruinieren die große Schönheit der Stille.«

Die Sammlung von Tomàs Mallol, der selbst Amateurfilme drehte und sich für das Kino begeisterte, umfasst um die 12.000 Ausstellungsstücke. Die meisten sammelte er von 1968 bis 1998 vor allem in Katalonien, Frankreich und ganz Spanien auf Flohmärkten und über persönliche Kontakte. Da gibt es viele verschiedene Ausführungen der Laterna Magica, das chinesische Schattentheater, einen Cinematographen der Brüder Lumière und jede Menge Poster und Plakate von berühmten Filmen und Hollywoodschauspielern. Das Originalkostüm, das Dustin Hoffman als »Tootsie« trug, die Stiefel von James Dean aus dem Film »Denn sie wissen nicht, was sie tun«, das Kostüm von Eliza Doolittle und die Scherenhände von Johnny Depp aus »Edward mit den Scherenhänden« sind ausgestellt. Das Museum wurde im April 1998 eröffnet und hat drei Etagen. Der Rundgang beginnt im dritten Stockwerk.

Adresse Museu del Cinema, Carrer de la Sèquia, 1, 17001 Girona, www.museudelcinema.cat | **Anfahrt** Von der N-IIA in die Parc de la Devesa, am nächsten Kreisverkehr in die Carrer Jaquim Vayreda, rechts in die Ronda Feran Puig und dann links. | **Öffnungszeiten** Okt.–April Di–Fr 10–18 Uhr, Sa 10–20 Uhr, So, Feiertage 11–15 Uhr; Mai, Juni und Sept. Di–Sa 10–20 Uhr, So, Feiertage 11–15 Uhr; Juli, Aug. Mo–So 10–20 Uhr | **Tipp** Jedes Jahr im Juli findet in Girona das Filmfestival »Festival de Cinema de Girona« statt.

GIRONA

46 __ Das Hostal Bellmirall
Viel Liebe zum Detail

Zwischen der Kathedrale von Girona und der Universität, in einer kleinen Gasse der Altstadt, liegt die Straße Bellmirall. In einem alten Herrenhaus aus dem 14. Jahrhundert befindet sich hier seit über 50 Jahren die kleine gleichnamige Pension.

Liebevoll, geschmackvoll, dekorativ, zentral – diese Beschreibung passt vielleicht am besten zum Bellmirall: Liebevoll wurden die Einrichtungsgegenstände zusammengestellt, liebevoll vorbereitet steht das Frühstück am Morgen bereits da und wird individuell serviert – im Innenhof oder im Frühstücksraum. Geschmackvoll sind die kleinen, minimalistisch, aber praktisch eingerichteten Zimmer, der Eingangsbereich und der Aufenthaltsraum. Und dekorativ sind schließlich die verwendeten Farben und Stoffe, das Geschirr oder das Wandmosaik im Eingangsbereich; aber auch die Visitenkarte des Hotels und der Folder auf dem Zimmer – versehen mit einem Lavendelzweig.

Dazu kommen noch gute Ideen und Einfallsreichtum, wie zum Beispiel der Innenhof beweist: Nähmaschinentische wurden zu Frühstückstischen umfunktioniert – ein eindeutiger Hinweis auf die frühere Hausherrin. Denn das Innenleben hat die Pension ihren kreativen Eigentümern zu verdanken: Anna und Isidre in der ersten Generation, heute führt das Hotel Tochter Gisela. Ihre Mutter war Stickerin von Beruf, der Vater war eigentlich Bauer, wollte aber immer malen. Isidre lebte allein mit seiner Mutter und seinem Bruder in dem Haus, als sie begannen, die ersten Gäste zu beherbergen. Am Anfang wurden nur drei Zimmer vermietet. Nach der Hochzeit mit Anna eröffneten sie 1961 das Bellmirall. Nach der Pensionierung der Eltern übernahm schließlich die Tochter mit einem Freund zusammen das Hotel. Es wurde 2013 renoviert und im Mai 2014 wiedereröffnet.

Die Pension liegt inmitten der schönsten Sehenswürdigkeiten der Stadt: der Kathedrale, der arabischen Bäder, der Stadtmauer und des Kunstmuseums.

Adresse Carrer de Bellmirall, 3, 17004 Girona, Tel. +34 972/204009, www.bellmirall.eu | **Anfahrt** Über die AP-7 oder NII-A Richtung Zentrum; über Passeig d'Olot und Carrer d'Emili Grahit, links Richtung Carrer de la Rutlla und dann rechts hoch zur Uni (Carrer del Carme, Passeig Fora Muralla). An der Uni parken und in die Altstadt links. | **Tipp** Am Morgen vor dem Frühstück einen kleinen Spaziergang Richtung Arabische Bäder und Passeig Arqueològic machen. Hier steht gleich am Anfang eine schwer identifizierbare Statue: die Köchin des Bischofs, die viele schmackhafte Gerichte für ihn erfunden haben soll.

47 Das Eisenhündchen
Mit Hund in Spanien unterwegs

Zu Füßen der Kirche Sant Feliu, ganz in der Nähe der berühmten Löwin (siehe Seite 104), befindet sich rechts an der Hauswand dieses kleine Eisenhündchen. Die Wand gehört zum »The River Café«, und das Eisenhündchen mit seinen drei Haken ist hier angebracht, um Vierbeiner anzuleinen.

Hunde sind dort aber eigentlich nie zu sehen. Und obwohl die Spanier generell als ein tolerantes Volk gelten, ist es in den meisten Restaurants und Bars im Land untersagt, seinen Hund mitzubringen.

Auch was das sonstige Unterwegssein mit Tieren in Spanien angeht, ist häufig eher Negatives zu hören. Schwer ist es, ein Hotel zu finden. Vor allen Dingen ist der Hund aber dort, wohin es viele Reisende besonders zieht, nämlich an den Stränden, in den meisten Fällen nicht erlaubt. Woran liegt das eigentlich?

In den Orten an der Costa Brava sieht man ja durchaus eine Menge Leute, die mit ihren kleinen und großen vierbeinigen Freunden unterwegs sind; in den Dörfern, Städten und auf dem Land. Aber lange Jahre war Spanien ein armes Land, da galt ein Haustier als überflüssig, als zusätzlicher Esser eben. Nur dort, wo der Hund einem auch nützte, als Begleiter zur Jagd oder Wachhund auf einem Bauernhof zum Beispiel, hatte er seine Daseinsberechtigung und seinen praktischen Nutzen. Zum anderen gibt es in Spanien noch immer den Zusammenhalt in den Familien, das gemeinsame sonntägliche Mittagessen in der Großfamilie. Da hat das Haustier wohl noch nicht so ausgeprägt den Platz eines Ersatzvertrauten eingenommen, wie es bei uns in den großen Städten manchmal der Fall ist. Doch auch hier ist viel in Bewegung. Laut Aussage des spanischen Fremdenverkehrsamtes soll sich in Bezug auf das Reisen mit Hund in Zukunft einiges tun, die Situation sich für Hundehalter merklich verbessern. Das niedliche Eisenhündchen in Girona ist dafür doch der beste Beweis!

Adresse The River Café, Carrer de la Barca, 2, 17004 Girona (der Hund befindet sich unterhalb des Schildes der Plaça Sant Feliu) | **Anfahrt** Über die AP-7 oder NII-A Richtung Zentrum und dann parken. Die Straßen parallel zum Fluss Onyar Richtung Kathedrale führen zum Platz Sant Feliu (über Plaça Catalunya, Carrer Argenteria, Pujada de Sant Feliu, Carrer Calderes). | **Tipp** Ein Hundehotel mit 12.000 Quadratmeter Auslauffläche ist »Vila des-cans« nördlich von Figueres, Richtung La Jonquera, in 17761 Cabanes (www.viladescans.net).

48_Die kleine Löwin
Küsse auf das Hinterteil

Die Löwin von Girona hat schon einen gewissen Berühmtheitsgrad erreicht und ist bereits fast 1.000 Jahre alt. Hätte sie heute noch die Bedeutung wie in früheren Zeiten, müssten die Staatsbesucher auf einem Rundgang durch die Stadt auch hier vorbei und der Löwin einen Kuss auf das Hinterteil geben. Das war einst so üblich, lange Zeit galt diese Geste als ein diplomatischer Akt, um der Stadt Girona seine Ehrerbietung zu erweisen.

Die Löwin selbst ist weder besonders hübsch noch groß, und sie krabbelt an einer Säule empor. Um ihr Hinterteil zu erreichen, wurden eigens drei Stufen angefertigt, die die Ehrerbietung erleichtern sollten. Die aktuelle Statue wurde an dieser Stelle im Januar 1986 aufgestellt und misst 3,76 Meter. Der Blick der Löwin richtet sich zum Fluss Onyar, der in unmittelbarer Nähe vorbeifließt. An einer Hauswand links daneben hängt eine Tafel, auf der auf Katalanisch ihre Bedeutung erklärt wird. Einige Besucher scheinen nicht ganz verstanden zu haben, worum es geht, und haben versehentlich den Löwen geküsst, der auf der Messingtafel abgebildet ist. Sein Hinterteil ragt reliefartig heraus und glänzt im Gegensatz zum Rest der Tafel, die durch Umwelteinflüsse nachgedunkelt ist, wie blank poliert …

Das Original der »La Leona« befindet sich heute im »Museu d'Art de Girona«.

Ursprünglich soll es sich bei der Statue auch gar nicht um eine Löwin, sondern um einen Löwen gehandelt haben. Warum sich das im Laufe der Zeit geändert hat, ist nicht ganz klar. Vielleicht war vielen Besuchern die Vorstellung sympathischer, das Hinterteil eines weiblichen Wesens zu küssen? Auf jeden Fall entwickelte es sich zu einem festen Brauch, und ein Sprichwort dazu gibt es auch: »Es ist kein guter Bürger der Stadt Girona, der nicht den Hintern der Löwin küsst!« Gleich um die Ecke, in der Carrer Calderers, befindet sich ein Lokal mit dem Namen »Culo de leon«.

Adresse La Lleona, Plaça Sant Feliu, 17005 Girona | Anfahrt Über die AP-7 oder NII-A Richtung Zentrum und dann in Richtung Kathedrale, jedoch unterhalb auf der Pujada Sant Feliu (stadtauswärts parallel zum Fluss) und dann rechts in die Plaça Sant Feliu. | Tipp Unweit der Löwin und der Kathedrale gibt es ein sehr kleines, aber feines Hotel: das Hotel Llegend de Girona Catedral (Portal de la Barca).

49 Die Universität

Studieren, wo andere Urlaub machen

Im Innenhof stehen eine Statue mit Sardana-Tänzern und einige Bäume; und es ist friedlich.

Früher gingen hier viele Jahre Mönche ein und aus, heute sind es Studenten. Das »Convent de Sant Domènec de Girona« beherbergt inzwischen die Fakultät für Literatur der Universität von Girona. Aber auch viele andere Institute der Uni sind in alten Gebäuden der Stadt untergebracht.

In Girona studieren, das muss herrlich sein. Die Stadt ist vielfältig, lebendig, reizvoll und interessant. Sie liegt nur circa 50 Kilometer vom Meer entfernt (in circa einer halben Stunde Fahrtzeit zu erreichen), und gleichzeitig fangen hier auch schon die Berge der Vulkanlandschaft der Garrotxa und die Ausläufer der Pyrenäen an. Erstklassige Voraussetzungen also für ein gutes Studentenleben. Und dazu ist Girona sogar finanzierbar, wozu bei ausländischen Studenten auch der Flughafen mit einer Low-Cost-Linie beiträgt. Schwierig ist lediglich die Sprache, denn auch hier wird in erster Linie Katalanisch gesprochen, was die wenigsten Menschen können. Doch die Größe und das Angebot macht es den Studenten ansonsten leicht, und viele äußern sich positiv.

Die »Universitat de Girona« befindet sich in verschiedenen Gebäuden und ist über die Stadt verteilt, an den Standorten Montilivi, Casco Antiguo und Centro. Das Hauptgebäude mit der Verwaltung liegt oberhalb des Zentrums am Rande der Altstadt, nicht weit von der Kathedrale entfernt. Schöner kann studieren eigentlich gar nicht sein. Direkt gegenüber liegt unter Bäumen ein Café, Treppen führen hinab ins Zentrum. Die Ursprünge der Universität liegen im Mittelalter, als König Alfons der Großmütige 1446 das »Estudio General« einführte. Damit durften Titel für Rhetorik, Philosophie und Medizin vergeben werden. Die heutige Universität wurde jedoch erst 1991 gegründet. Das spricht für eine junge Bildungskultur, wenig veraltete Einrichtungen und ein fortschrittliches Studium.

Adresse Plaça de Sant Domènec, 3, 17071 Girona | **Anfahrt** Über die AP-7 oder NII-A Richtung Zentrum; über Passeig d'Olot und Carrer d'Emili Grahit, links Richtung Carrer de la Rutlla und dann rechts hoch zur Uni (Carrer del Carme, Passeig Fora Muralla). | **Tipp** Für alle, die vom Studieren noch nicht genug haben, gibt es in der Altstadt ein Literaturcafé: Café Context auf der Plaça del Pozo Redondo – mit Musik, Büchern und Ausstellungen.

GIRONA UND ANDERE ORTE

50_ Vol Espai Gastronòmic
Neues Essen über dem Fluss

Biegt man von der »Rambla de la Libertad«, der Straße, in der sich auch die Touristeninformation befindet, auf die Brücke »Pont de Pedra«, überrascht ein neues, supermodernes Gebäude. Das war doch vor Kurzem noch nicht dort? Nein, dieses Bauwerk, das architektonisch der in Sichtweite liegenden roten Eisenbrücke von Gustave Eiffel nachempfunden wurde, ist erst vor einiger Zeit und mit ziemlicher Geschwindigkeit hier entstanden.

Es wird sich aber auch gar nicht so lange an genau dieser Stelle befinden. Die Organisatoren von Vol Espai Gastronòmic haben nämlich vor, die Küche und Weine insbesondere der Region von Girona in die Welt hinauszutragen und berühmt zu machen. Deshalb wird die Konstruktion nach Ablauf eines Jahres abgebaut und an einem neuen Ort wieder aufgestellt.

Das Gebäude hat etwas von einem Schaukasten, und so ist es auch gedacht. Sieben Meter ragt der weiße schicke Kasten über den Onyar. Von der Brücke aus sieht man durch viel Glas nur einen einzigen langen Tisch, der dort mit insgesamt 18 Stühlen steht. Telefonisch oder online kann eine Reservierung vorgenommen werden, und dann kocht einer der Küchenchefs aus Girona und Umgebung für die Gäste. Damit alle etwas davon haben, findet die Zubereitung des gemeinsamen Mahls am Ende des Tisches in der offenen Küche statt. Damit ist der Austausch zwischen dem Koch und seine Gästen gewährleistet.

Wie die Gäste, so wechseln auch die Köche, und es gibt viele verschiedene Arten von Menus zu probieren. Ebenso werden hier regelmäßig Kochkurse angeboten, es finden Dessertworkshops für Kinder statt und Verkostungen von lokalen Produkten. Auf jeden Fall ist das Vol Espai Gastronòmic eine weitere interessante, vor allem aber innovative Überraschung! Reservierungen müssen bereits frühzeitig gemacht werden, denn die Kochveranstaltungen erfreuen sich großer Beliebtheit!

Adresse Vol Espai Gastronòmic, Pont de Pedra, Ecke Carrer de Santa Clara, 17001 Girona, Tel. +34 656/530849; aktuelle Standorte unter: www.volgastronomic.com | **Anfahrt** Über die AP-7 oder NII-A Richtung Zentrum. Das Vol Espai befindet sich direkt im Zentrum gegenüber der Touristeninformation an der Brücke »Pont de Pedra« am Fluss Onya. | **Tipp** Quasi das Gegenteil ist die »Cafeteria 1900« in der Einkaufsstraße Carrer Obra, 2, in Girona. Ein Café im alten Stil.

GIRONA

51 Xuixo
Crema Catalan zum Frühstück

In ganz Spanien wird zum Frühstück, begleitet vom ersten Kaffee des Tages, in der Bar um die Ecke bevorzugt ein süßes Teilchen gegessen. Welcher Art das Teilchen ist, hängt von der jeweiligen Region ab. In Girona zum Beispiel isst man gern Xuixo. Von der Form her erinnert es an ein Croissant, und es wird auch wie dieses aus einem Plunderteig hergestellt. Dann aber kommt das Katalanische ins Spiel, denn der Xuixo wird mit Crema Catalan gefüllt und anschließend ordentlich mit Zucker bestreut. Absolut lecker und gehaltvoll!

Die ersten Xuixos soll es in Girona in den 20er Jahren des letzten Jahrhunderts gegeben haben. Gebacken wurden sie von Emili Puig, der damals in der Carrer Corte Real eine Pastisseria besaß. Auch in der Gegend von Tarragona und Valencia werden die köstlichen Dinger viel gebacken. Und eine Legende, die sich um die Entstehung der Süßigkeit rankt, gibt es selbstverständlich auch: El Tarla, eine populäre Gestalt Gironas, eine Art Clown, der die Menschen auch während einer Pestepidemie durch seine Kunststücke zu erheitern versuchte, verliebte sich in die Tochter eines Konditors. Als er sie eines Tages verbotenerweise zu einem Stelldichein besuchte, tauchte der nichts ahnende Vater plötzlich auf, und El Tarla musste sich schnell verstecken. Er tat dies hinter einem Mehlsack und musste natürlich niesen: »Xuixo« (ausgesprochen wie schuschu) war das Geräusch, das dabei herauskam. Das Versteck und die Liebschaft flogen auf. Um den Konditor zu besänftigen, versprach El Tarla, seine Tochter zu heiraten und ihm außerdem ein tolles Rezept zu verraten …

Heute bekommt man sehr gute Xuixos zum Beispiel in der Pastisseria Tornes oder in der Pastisseria Castellò. In vielen Läden werden sie auch bereits verpackt in schönen Schachteln angeboten. Besonders gut sind sie natürlich ganz frisch und warm, sodass einem die Crema Catalan auf der Zunge zergeht!

Adresse Pastisseria Castellò, Carrer de Santa Clara, 45, 17001 Girona, www.pastisseriacastello.cat und Pastisseria Tornés, Carrer del Migdia, 51, 17003 Girona, www.tornes.cat | **Anfahrt** Beide Konditoreien befinden sich gegenüber der Altstadt (den Onyar über die Eiffelbrücke überqueren). Die Carrer Santa Clara verläuft parallel zum Onyar, Carrer Migida über Passeig General Mendoza und Carrer Rutlla, rechts in Carrer d'Emili Grahit und dann links. | **Tipp** Auf jeden Fall auch die echte Crema Catalan probieren. Sie ist auf vielen Speisekarten zu finden und soll angeblich bereits vor der französischen Crème brulée erfunden worden sein.

LA BISBAL D'EMPORDÀ

52 Die Wasserfontäne
Facettenreicher Ort

La Bisbal d'Empordà ist die Hauptstadt von Baix Empordà. Aber auch die Hauptstadt der Keramik. Das gesamte Stadtbild wird davon geprägt. Die Häuser entlang der Hauptstraße sind zum Teil mit Fliesen und bunter Keramik verziert und ziehen sich vom Anfang bis zum Ende des Ortes. Kein Besucher kann sich diesem Kunsthandwerk entziehen. Werkstätten und Läden finden sich hier in Hülle und Fülle, zum Teil mit sehr ähnlichen, aber auch mit ganz unterschiedlichen Ideen, Farben und Formen. Es lohnt sich auf jeden Fall, ein wenig Zeit mitzubringen, um die Läden und ihre Schalen, Teller, Tassen, Knoblauchreiben, Fliesen und alles, was sonst noch aus Ton denkbar ist, zu vergleichen.

Doch in La Bisbal gibt es noch eine Menge anderer Sehenswürdigkeiten. Und darauf macht nicht nur die Touristeninformation, die direkt an der C-66 liegt, aufmerksam, sondern auch eine Keramik-Fontäne. Diese wurde für die Besucher aufgestellt, um ihnen kostenlos Wasser zu spenden. Das ist zwar nicht unbedingt auf den ersten Blick zu erkennen, doch die Fontäne ist ausdrücklich dafür gedacht, sich hier neue Energie und natürlich Informationen zu holen. Seit dem Frühjahr 2014 steht das Gebilde an der Carrer de l'Aigüeta 17 im Garten der Touristeninformation. Diese wiederum befindet sich in einem alten Gebäude kubanischen Baustils mit dem Turm »Torre Maria«. Alte Fliesen, Galerien und Bögen zeugen von der Vergangenheit.

Jaume Ruldua, ein Keramikkünstler des Ortes, entwarf das einzigartige Gebilde. Verschiedene Kacheln mit Inschriften und Piktogrammen zeigen die Vielfalt von La Bisbal. Die einzelnen Fliesen sind in Form von Wassertropfen gestaltet und repräsentieren die Quellen in den Bergen. Hier gibt es architektonisch interessante Gebäude, kulturelle Veranstaltungen, Antiquitäten, Märkte und Messen, Geschäfte, gastronomische Besonderheiten, Landschaft und Keramik zu sehen.

Adresse Oficina Turisme La Bisbal, Carrer de l'Aigüeta, 17, 17100 La Bisbal d'Empordà, www.visitlabisbal.cat | **Anfahrt** C-66 zwischen Palafrugell und Flaçà. Hier verläuft auch die »Haupt-Keramikstraße« des Ortes. | **Tipp** Das Terrakotta-Museum in der Straße Carrer Sis d'Octubre, 99, oder eine der Keramikwerkstätten besuchen. Eine Liste mit den Unternehmen gibt es im Touristenbüro oder online. Es gibt aber auch Keramik-Schulen mit Ferienangeboten!

LA JONQUERA

53 Das Exilmuseum
Tristesse an der Grenze

Der Ort La Jonquera liegt direkt an der Grenze zu Frankreich. Von der N-II aus, die fast parallel zur Autobahn verläuft, fallen die großen Shoppingcenter ins Auge, die viele Menschen herlocken. Viel mehr werden sich die meisten in La Jonquera vermutlich auch nicht ansehen. Man spürt hier das, was Grenzregionen meistens ausmacht: ein Gefühl von Verlassenheit, von Pendeln zwischen den verschiedenen Welten, das auch im Ort selbst nicht weicht. Es ist trist hier. Und doch gibt es einen äußerst sehenswerten Ort: das Exilmuseum MuMe (Museu Memorial de L'Exili), das im Jahr 2008 gegründet wurde.

Bei La Jonquera lag im Jahr 1939 der Grenzübergang, den damals ein Strom von republikanischen Spaniern überqueren musste, um ins angrenzende Frankreich zu fliehen. Es ist also kein Zufall, dass das Museum hier eröffnet wurde. Am 28. Januar 1939 hatte das Nachbarland für alle, die Francos Gewalt fürchteten und zu den spanischen Republikanern gehörten, die Grenzen geöffnet. Auf über 500.000 Menschen wird der Flüchtlingsstrom geschätzt.

Im Exilmuseum erfahren die Besucher alles über die Nöte und Ängste dieser Epoche. Die vielen Fotos von Menschen auf der Flucht, oft nur mit dem unterwegs, was sie am Leib trugen, sind Zeugnisse dieser Zeit. Eine große Anzahl der spanischen Republikaner leistete auch in Frankreich weiterhin Widerstand gegen den Faschismus. Dass viele von ihnen in Hitlers Lagern umkamen, ist vermutlich nur wenigen Besuchern bekannt. Es werden Fotos von Internierungen, Flucht und Exil gezeigt. Auch der Fotograf Agustí Celles, selbst kompromissloser Republikaner, ging 1939 ins Exil und nahm all seine Negative mit sich, damit sie nicht in die Hände der Franquisten fallen konnten. Erst Jahrzehnte später kehrte er zurück, und seine Aufnahmen wurden der Öffentlichkeit zugänglich gemacht. Er zählt zu den großen Fotografen des Spanischen Bürgerkriegs.

Adresse MuMe, C. Major, 43–47, 17700 La Jonquera, Tel. +34 972/556533, www.museuexili.cat | **Anfahrt** Auf der Autobahn AP-7 oder der fast parallel verlaufenden N-II Richtung La Jonquera und dann Richtung Zentrum, der Carrer Carles Bosch de la Trinxeria circa 500 Meter folgen; das Museum liegt links. | **Öffnungszeiten** Juni–Sept. Di–Sa 10–19 Uhr, So 10–14 Uhr; Okt.–Mai Di–Sa 10–18 Uhr, So und Feiertage 10–14 Uhr | **Tipp** In La Vajol gibt es ein Denkmal für die vielen republikanischen Flüchtlinge: ein Mann mit seinem sechsjährigen Sohn. Dem Jungen fehlt das Bein, das er durch die Bombardierung der Franco-Truppen im November 1937 verlor.

54_A la gente del mar
Denkmal für die Menschen vom Meer

Was wäre die Costa Brava ohne das Meer? Und was wäre das Meer ohne die Menschen? Weit, tief, blau, einsam. Die gesamte Region der Costa Brava hat jahrzehnte-, nein, jahrhundertelang von den Schätzen des Meeres gelebt. In erster Linie natürlich von dem Fischreichtum. Gerade L'Escala profitierte lange Zeit davon. Am frühen Morgen ließen die Fischer ihre Boote ins Wasser und versuchten ihr Glück. Wenn sie zurückkamen, wurden sie oft schon von ihren Frauen und anderen Helfern empfangen, die ihnen bei der Verarbeitung der Fische halfen. So war es auch in vielen anderen Küstenorten.

Für alle Menschen des Meeres steht an der Spitze des Ortes L'Escala ein Denkmal aus Zement, Bronze und Eisen mit dem Namen »A la gente del mar«. Simon Jahr fertigte es 1979 im Auftrag der Stadt L'Escala an »für alle, die das Leben unseres Fischerdorfs möglich machen«. In L'Escala war jahrzehntelang der Fang und die Verarbeitung von Sardellen die wichtigste Einnahmequelle. Riesige Schwärme holten die Fischer aus dem Meer. Neben dem Sardellenmuseum (siehe Seite 118) erklärt auch das »Centro de interpretacions del Pescado« anschaulich und interaktiv, wie der Fischfang funktioniert. Es befindet sich im Ortsteil Riells und bietet Einblicke von der Ausrüstung bis hin zur Fischversteigerung.

Während in L'Escala Sardellen noch überall präsent sind, leben die meisten anderen ehemaligen Fischerdörfer inzwischen in erster Linie vom Tourismus. Die Menschen des Meeres wurden an Land gedrängt. Ein Fisch, der bis heute hier überlebt hat, ist der Wolfsbarsch (Lubina oder Llobra auf Katalanisch), denn er ist eine Art Abfallprodukt der Costa Brava: Wenn die Fischer ihre Boote reinigten, warfen sie die Innereien ins Meer und zogen Schwärme des Wolfsbarschs an. Lubina oder Llobra wird in vielen Lokalen fangfrisch serviert – zuweilen in Kombination mit Pilzen (»mar y muntanya«).

Adresse La Punta (Parkplatz direkt am Meer an der Promenade), 17130 L'Escala | **Anfahrt** Die Av. Girona geht von der GI-632 (von Empuríes oder Torroella de Montgrí kommend) ab und führt hinunter zum Meer und zum Parkplatz La Punta. | **Tipp** In Torroella de la Montgrí gibt es das Mittelmeermuseum »Museu de Mediterrània«, Carrer d'Ullà, 27–31, 17257 Torroella de Montgrí.

L'ESCALA

55 Das Anchovismuseum
Geschichten von Sardinen und Salz

L'Escala liegt am Golf von Rosès und ist berühmt für seine eingelegten Sardellen. Kein Wunder also, dass der Ort mit einer ganz besonderen Sehenswürdigkeit aufwartet: einem Museum, das sich dem kleinen Fisch widmet, der hier schon seit Ewigkeiten aus dem Meer geholt und verarbeitet wird. Und dem Salz, das der Verarbeitung dient. Früher hatte beinahe die gesamte Bevölkerung des Ortes in irgendeiner Art und Weise mit Fisch zu tun. Ob es nun die Zimmerleute waren, die die Schiffe bauten, oder die Böttcher, die die Fässer herstellten, die Netzflicker oder die Pökler, die die Fische einlegten. Lange war der Ort der wichtigste Sardellenhafen der Costa Brava.

»Morgens um vier war das Klappern der Holzschuhe zu hören, wenn die Fischer zu ihren Booten gingen. Oben im Mast hingen die Petroleumlampen, denn so waren die Boote von der Küste aus im Dunkeln zu sehen«, erklärt der Film im Museum (auch mit deutschen Untertiteln) die Vergangenheit. Außerdem sind Fotos zu sehen, die die wettergegerbten Gesichter der Seemänner zeigen oder Frauen, die am Strand sitzen und Netze flicken. Auf einem ausgestellten Boot stapeln sich die Fangkörbe, auf einem Tisch stehen Fässer für die Sardellen.

Bis heute hat der Fischfang in L'Escala Bedeutung, und es gibt immer noch zehn Pökelfabriken mit beinahe 200 Mitarbeitern. Die Methode des Pökelns hat sich vom Prinzip her nicht verändert, die Sardellen werden nach wie vor mit Salz konserviert. Früher wurden sie in Gläsern eingelegt, abwechselnd eine Schicht Salz und eine Schicht Fisch. So hielt sich der Fisch ein Jahr lang. Heute fahren wesentlich größere Schiffe zum Fang aufs Meer. Während der Wintermonate indes muss eine Schonzeit eingelegt werden. Denn auch hier herrscht zunehmend Mangel an Fischen.

Achten Sie während Ihrer Reise in der Region auf die schönen Verpackungen der Sardellen! Es gibt einige, auf denen der Name L'Escala auftaucht!

Adresse Museu de l'Anxova i de la Sal, Av. Francesc Macià, 1, 17130 L'Escala, Tel. +34 972/776815, www.anxova-sal.cat | **Anfahrt** Die GI-632 (von Empuríes oder Torroella de Montgrí kommend) führt direkt in den Ort und zum Museum. Das Sardellen-Museum liegt am Ortseingang von L'Escala auf der rechten Seite (gleich nach den großen Supermärkten wie Día, Aldi etc.). | **Tipp** In L'Escala gibt es noch fünf Sardellenfabriken, die auch besichtigt werden können. Und am ersten Sonntag im Oktober findet das Sardellenfest »Anxovi« statt.

L'ESCALA

56_Das Hostal Empúries
Stilish und umweltbewusst am Strand

Cool, modern, großzügig, innovativ, geschmackvoll, wunderbare Lage – das sind nur einige Attribute, die das Hostal und Spa Empúries beschreiben. Manchmal gibt es eben Renovierungen, die perfekt gelingen. Dazu gehört ganz sicher die dieses Hotels. Ein Teil des Gebäudes existiert schon seit 1907 und wurde damals Villa Teresita genannt. Zu diesem Zeitpunkt existierte der Begriff »Costa Brava« noch nicht einmal. Auf der Website des Hotels sind die alten Fotos zu sehen. Vor einigen Jahren erfolgte eine Totalrenovierung, und dabei wurde wirklich an alles gedacht. Die Eigentümer hatten den Anspruch, eine Unterkunft anzubieten, die sich natürlich und umweltbewusst in die Umgebung einfügt. So wurden hauptsächlich Materialien genutzt, die wiederverwertbar sind, wie Holz und Glas. Entstanden ist ein wunderbar harmonischer Anbau. Schlichte Glasfronten wurden in die alte Fassade eingesetzt. Schon die großzügige Lobby und die hellen Sitzecken sind vielversprechend. Die Möbel bestehen aus einem stilsicheren Mix von alt und neu. Auch die Zimmer sind gekonnt eingerichtet. Draußen auf der Terrasse gibt es gemütliche Sitzecken, und Körbe, die früher zum Fischefangen genutzt wurden, baumeln jetzt als Beleuchtung über den Esstischen. Das Hostal befindet sich direkt am Strand Portitxol. Es verfügt über zwei Restaurants: Im »Restaurante Teresita« wird anspruchsvolle Küche serviert, das »Bistro del Mar« ist preislich und vom Angebot her bodenständiger.

Fahrräder können hier ausgeliehen werden, um die Umgebung zu erkunden und den »Paseo de las Dunas« direkt am Strand entlangfahren zu können. Unterwegs liegen einige Chiringuitos, die Erfrischungen mit Blick auf das Meer anbieten.

Nur wenige Meter vom Hostal entfernt befindet sich die antike griechische Kolonie »Empúries« und einige hundert Meter weiter der kleine Ort Sant Martí d'Empúries, eine Ansammlung von schönen alten Steinhäusern mit einigen netten Restaurants.

Adresse Hostal Empúries, Platja de Portitxol, 17130 L'Escala, Tel. +34 972/770207, www.hostalempuries.com | **Anfahrt** Über die GI-623 (zwischen Empuríes und L'Escala) Richtung »Ruines d'Empúries« bis zur Carrer Puig I Cadafalch. Das Hotel liegt direkt neben den Ruinen. | **Tipp** Direkt am Strand neben dem Hotel befindet sich das durchaus empfehlenswerte Chiringuito »Bar Gambo« (täglich ab 10 Uhr geöffnet). Hier kommt die Sonne bis zum Untergang hin, was beim Hostal leider nicht der Fall ist.

L'ESTARTIT

57 — Die Illes Medes
Für Taucher die erste Adresse an der Costa Brava

Vor langer, langer Zeit gab es auf der Insel Meda Gran ein Piratennest. Die Piraten hatten sich diesen Unterschlupf ausgesucht, um von hier aus die Orte an der Küste zu überfallen. Später diente die größte Insel der Illes Medes als Gefängnis und als Militärstützpunkt. Seit mehr als 100 Jahren sind die Inseln inzwischen unbewohnt, und nur auf Meda Gran befindet sich ein Leuchtturm. 1,8 Quadratkilometer ist diese Insel groß – das nächstgrößte der insgesamt sieben Eiländchen umfasst nur noch 0,24 Quadratkilometer. Die gesamte Inselgruppe liegt weniger als einen Kilometer von der Küste entfernt und ist im Grunde eine Fortsetzung des langsam ins Wasser fallenden Bergmassivs Montgrí.

1990 wurden alle Inseln und das Gebiet um sie herum zum Naturpark erklärt. Jetzt wird hier leidenschaftlich geschnorchelt und getaucht. Die Insel Meda Gran darf als einzige betreten werden, aber nur zu bestimmten Zeiten, weil hier viele Vögel wie Kormorane oder Weißkopfmöwen brüten.

Die gesamte Umgebung gilt als besonders reizvolles Taucherparadies, weil durch Unterströmungen aus der Mündung des Flusses Ter viele Naturhöhlen entstanden und zahlreiche bunte Fische, Muscheln oder rote Korallen zu entdecken sind. In 35 Meter Tiefe liegt außerdem das Wrack eines Schiffes, das hier 1992 untergegangen ist. Von L'Estartit aus werden Ausflüge auf Glasbodenschiffen oder Tauch- und Schnorcheltrips zu den Inseln angeboten; da wimmelt es dann schon ordentlich …

Einen besonders schönen Blick auf die Inselgruppe bietet die Bucht Sa Riera bei Begur. Hier ist es wesentlich ruhiger und entspannter als in dem wenig reizvollen und sehr touristischen L'Estartit. Eindrucksvoll ist es am Abend, wenn die Felsen in rotgoldenes Licht getaucht werden, oder in der klaren Morgensonne, wenn die Felsen viel näher wirken. Aber auch tagsüber ist es herrlich, den Inseln ein wenig entgegenzuschwimmen.

Adresse Oficina de Turisme: Passeig Marítim, 47–50, 17258 L'Estartit, Tel. +34 972/751910, info@estartit.com; Glasbodenschiffe und Tauchtrips: Estació Nàutica, Carrer de la Platja, 10–12, www.enestartit.com | **Anfahrt** Von Torroella de Montgrí (C-31 zwischen Pals und Verges) führt die GI-641 direkt nach L'Estartit und zum Strand hinunter, von wo aus die Medes-Inseln zu sehen sind. | **Tipp** Im Naturpark Cap de Creus am Strand von Cala Joncols gibt es die Möglichkeit, Kajaks auszuleihen, um die Bucht zu erkunden (und zu ertauchen).

LLAFRANC

58 Das Dorf von Tom Sharpe
Wirkungsstätten des britischen Schriftstellers

Im Jahr 1992 kam der britische Schriftsteller Tom Sharpe zum ersten Mal nach Llafranc. Es muss Liebe auf den ersten Blick gewesen sein, als er das Hotel Llevant, das ihm seine Literaturagentin empfohlen hatte, und das einstmals kleine Fischerdörfchen sah.

Nachdem er immer wieder für längere Zeit hier gewohnt und gearbeitet hatte, entschloss er sich, ein Haus zu kaufen, und zog in die Carrer d'Homer, 6, wo er bis zu seinem Tode am 6. Juni 2013 lebte. Die schlichte, weiß getünchte dreistöckige Villa ist von einem Garten umgeben, in dem Sharpe selbst viel Zeit verbrachte. Doch meistens saß er in seinem Arbeitszimmer im ersten Stock und schrieb unentwegt Manuskripte. In der Hauptsaison hielt er sich oft in England auf, doch die wesentlich stillere Nebensaison mochte er sehr. Oft ging er in das Hotel an der Bucht, um sich dort mit englischen Gästen zu unterhalten. Gern besuchte er außerdem das Restaurant »Chez Thomas«, etwas abseits der Strandpromenade, oder das »Mas de Torrent« in Llofriu. Und er liebte die Aufstiege zum Leuchtturm »El Far de San Sebastian« hinauf.

In Llafranc fand er die nötige Ruhe zum Schreiben. Hier konnte er so sein, wie er war, erklärte seine Ärztin und Nachlassverwalterin Montserrat Verdaguer. Auch seine Witwe Nancy Sharpe war sich sicher, dass es das Beste für ihn war, hier in seinem eigenen Haus zu leben, weil er das Meer, das Licht der Küste und die Sonne liebte. Und Sharpe selbst war überzeugt davon, dass dieser Ort ihn so lange hatte leben lassen. In Llafranc soll es bald eine Tom-Sharpe-Straße oder einen Tom-Sharpe-Platz geben. Obwohl er zu den erfolgreichsten zeitgenössischen Autoren Englands gehörte, vermachte Sharpe sein Lebenswerk nicht seiner Heimat, sondern Katalonien. Seine engste Vertraute Montserrat Verdaguer ordnet nun die Berge von Aufzeichnungen, Manuskripten und Fotos.

Adresse Hotel Llevant, Carrer Francesc de Blanes, 5 E, 17211 Llafranc; Wohnhaus in der Carrer d'Homer, 6 (Foto: Blick vom Hotel aufs Meer, wo Tom Sharpe so gern saß) | **Anfahrt** Llafranc ist über Palafrugell (Av. del Mar) zu erreichen oder von Tamariú (GI-6542 und 6591). Das Hotel liegt direkt an der Strandpromenade. Die Carrer d'Homer geht links von der Avenida del Mar (aus Richtung Palafrugell kommend) ab. | **Tipp** Ein Ausflug nach Llofriu führt zu einem anderen Schriftsteller: Josep Pla liebte dieses Dorf in seiner Heimat und lebte dort viele Jahre.

59_Der Friedhof
Dem Himmel so nah…

Was für eine andere Welt. Dieser Ort erscheint beinahe unwirklich. Von Weitem ist das Gedudel irgendeiner Animationsbude zu hören, aber hier oben gelten andere Gesetze, und alles dort unten erscheint fremd und fern. Von einer Ecke des Friedhofs aus sind die Touristeninformation und mehrere Reisebusse auf dem Parkplatz davor zu sehen. Aber hier ist es friedlich.

Der Friedhof von Lloret de Mar und viele andere Friedhöfe Kataloniens liegen ein wenig am Rande der Orte. In der Mitte des 19. Jahrhunderts war dieser Trend entstanden, und zwar aus Gründen der öffentlichen Hygiene. Die katholische Kirche sah das allerdings gar nicht so gern, sie empfand es als ein Zeichen des Säkularisierungswillens der Bevölkerung.

Die Grabstellen, die auf dem Friedhof von Lloret zu Zeiten des Modernisme entstanden, gehörten häufig den sogenannten Indianos. Das waren Spanier, die nach Amerika ausgewandert und dort zu Geld gekommen waren. Kehrten sie in ihre Heimat zurück, ließen sie sich repräsentative Villen bauen, und auch ihre Ruhestätten sollten nun den hart erkämpften Wohlstand zeigen. All diese prächtigen Gräber liegen direkt am Haupteingang des Friedhofs. Modernistische Kreuze mit reichen Verzierungen ragen in die Höhe, Mausoleen mit Echsen als Wasserspeichern (innen über und über mit bunten Mosaiken ausgelegt), entrückte Engels- und Christusgesichter und dazu Gravierungen in schönen Jugendstilschriften. Die Gräber sind einzigartig und wunderschön. Verantwortlich dafür sind einige heimische Architekten des katalanischen Jugendstils, die auf Tafeln namentlich genannt werden. Die üblichen Urnenwände befinden sich in einem anderen Bereich des Friedhofs, der als Gesamtanlage unter Denkmalschutz steht. Bei einem Rundgang auch an den kleineren Gräbern vorbei fallen eine ganze Reihe englischer, holländischer oder deutscher Namen auf. Ein himmlischer Ort, der seinesgleichen sucht.

Adresse Cementiri de Lloret de Mar, Camí del repòs, Ctra. Blanes, 17310 Lloret de Mar | **Anfahrt** Über die C-63 nach Lloret de Mar. Gleich am Ortseingang befindet sich rechts die Touristeninformation. In die Straße dahinter (Richtung Blanes, »Av. Vila de Blanes«) rechts abbiegen und dann wieder rechts und noch mal rechts. Der Friedhof ist hier ausgeschildert. | **Öffnungszeiten** April–Okt. Mo–So 8–20 Uhr; Nov.–März Mo–So 8–18 Uhr | **Tipp** Der Friedhof von Sant Feliu de Guíxols stammt aus der gleichen Zeit und hat ebenfalls beeindruckende Grabstätten, Ronda Narcís Massanes, s/n, 17220 Sant Feliu de Guíxols.

60 Das mittelalterliche Dorf
Idyllischer Platz

Ein Sommerabend auf der Plaça Jaume de Monells: In einem Restaurant unter den Arkaden, die den mittelalterlichen Platz umgeben, sitzt eine Gruppe von Gästen an einem langen derben Holztisch; Kinder flitzen hin und her und spielen Fangen. Autos gibt es keine. Zwei Hunde streunen vorbei. Eine friedliche und fröhliche Atmosphäre herrscht hier. Monells ist ein kleiner mittelalterlicher Ort, von dem aus gut Wander- oder Fahrradtouren unternommen werden können. In nur wenigen Kilometern Entfernung befinden sich zwei andere Orte, die Teil einer vom Tourismusamt empfohlenen mittelalterlichen Route sind: Cruilles und Corçà.

Der kleine Ort Monells wird durch den Fluss Risec, der kein Wasser mehr führt, in zwei Teile aufgeteilt und liegt inmitten von satten grünen, hügeligen Feldern. Die eine Seite des Dorfes wird von der Kirche San Ginés dominiert, auf der anderen befinden sich eine Handvoll kleiner Gässchen.

Die Plaça Jaume hat neben einem Hotel und Restaurant noch eine weitere kleine Besonderheit: Hier befindet sich nämlich der sogenannte Mitgerastein: Während des Mittelalters hatte Monells eine wichtige Bedeutung als Handelsplatz und bekam deshalb neben der Stadt Girona das Recht verliehen, in diesem Stein das Korn abzumessen und dann einen einheitlichen Preis für die gesamte Diözese festzulegen. Der Mitgerastein ist einfach ein Mauervorsprung, in dem sich oben ein Loch befindet; darin wurde das Getreide abgemessen. Der Stein, der hier zu sehen ist, stammt allerdings nicht mehr aus dem Mittelalter, sondern wurde später reproduziert. Das Datum 1818 ist eingraviert und deutlich zu lesen. Gleich daneben ist eine Tafel angebracht, auf der die Bedeutung des Steins geschildert wird.

Wen das nicht interessiert, der sollte sich gegenüber unter den Arkaden niederlassen und einfach die Atmosphäre genießen oder im einzigen Lokal am Platze etwas essen oder trinken.

Adresse Plaça Jaume, I, 17121 Monells | **Anfahrt** Von Girona oder La Bisbal d'Empordà auf der C-66 kommend führt die Landstraße GIV-6702 in die mittelalterlichen Dörfer. | **Tipp** Es gibt zwei sehr schöne Hotels in Monells: Direkt am Flussbett liegt das Hotel Arcs de Monells in der Calle Vilanova, 1 (die meisten Zimmer – alle im Neubau – mit Terrasse und mit einem köstlichen Frühstück), das El Palauet de Monells liegt direkt an der Plaça Jaume.

OLOT UND GIRONA

61_ Gluki macht glücklich
100 Prozent Schokolade

Es gibt sie noch: die kleinen feinen Geschäfte, in denen etwas ganz Besonderes angeboten wird. Wie zum Beispiel in der Carrer Santa Clara 44 in Girona oder in der Carrer Jaocuim Vayreda 8 in Olot. Hier befinden sich Läden, die fast unscheinbar wirken (in Girona führen einige Treppenstufen hinunter, und nicht jeder findet das Geschäft sofort), dennoch bergen sie etwas für Glücksuchende: Schokolade vom Feinsten.

Doch es geht nicht in erster Linie um Glück, sondern um Gluki. Gluki ist der Name einer alten katalanischen Firma mit langer Tradition. Das Unternehmen gibt es bereits seit 1870. Damals wurden die ersten Pralinen noch unter dem Namen »Costa Schokoladen« verkauft, seit 1953 dann unter der Marke »Gluki«. Das Wort hat seine Wurzeln im Griechischen, »glucos« bedeutet »süß«. Und süß sind in diesem Geschäft nicht nur die handgefertigten Pralinen und die Schokoladen, sondern auch die liebevollen nostalgischen Verpackungen und die Vitrinen, in denen alles präsentiert wird. Manche Schokoladen sind in dezenten Verpackungen mit Jugendstilemblemen, andere in hübschen bunten Boxen (gelb-türkis-rosa) mit Herzen und anderen Verzierungen verpackt. Die Pralinen heißen Klee oder Parfum (in Form einer Rose), Vulkan oder Ausbruch, die Erhabene (mit einer Walnuss obendrauf) oder Schnee (mit Kokosraspel).

Obwohl das Unternehmen schwierige Zeiten wie den Krieg, als es keinen Kakao mehr gab, hinter sich gebracht hat, ist die Familie ihrer Unternehmensphilosophie treu geblieben. Die Schokolade wird ohne Konservierungsstoffe hergestellt, enthält keine künstlichen Farbstoffe oder Zutaten, und es werden regionale Produkte verwendet.

Die Geschwister Sara, Coral und Josef führen jetzt das Geschäft – dessen Zentrale, aber auch das Ursprungsgeschäft befinden sich in Olot. Kein Wunder also, dass hier, mitten in der Garrotxa, die Produktnamen zum Teil vulkanischer Herkunft sind.

Adresse Carrer Joaquim Vayreda, 8, 17800 Olot und Carrer de Santa Clara, 44, 17001 Girona | **Anfahrt** Die A-26 führt bis Olot. Richtung Zentrum Av. Girona folgen, Richtung Museu Comercal de Garrotxa und dann von der Carrer Bisbe / Carrer Mulleras links abbiegen. | **Tipp** In Girona gibt es einige Bäckereien und Konditoreien, die Sehenswürdigkeiten aus Schokolade verkaufen. In Olot ist die ein wenig nostalgische Pastisseria Ferrer in der Plaça de Móra, 6, zu empfehlen.

62 Die Fundacion Josep Pla

Die Seele der Costa Brava

Das empordanesische Temperament sei »rebellisch, individualistisch, zerstörerisch, wirklichkeitsfremd … und immer wieder wunderbar diskret«, so schrieb Josep Pla vor langer Zeit. Beim Kennenlernen dieser Region und Landschaft, der Küste – vor allen Dingen um das Cap de Creus herum –, wird verständlich, was der Schriftsteller meinte. In seiner Geschichte »Eine gescheiterte Reise« beschreibt er das Meer und die Menschen sowie das Leben in seiner Heimat zur damaligen Zeit und die Abgeschiedenheit der Gegend.

Josep Pla machte unzählige Reisen ins Ausland, er besuchte London, Moskau und Madrid, Rom und Paris, aber er kehrte immer wieder in seine geliebte Heimat zurück. Lange Jahre lebte er in Llofriu, einem kleinen Ort mit nur 300 Einwohnern. Er schrieb in katalanischer Sprache und galt so, auch zu Zeiten Francos, als wichtiger Chronist dieser Region.

Die Fundacion Josep Pla ist in einem Gebäude direkt neben seinem Geburtshaus in Palafrugell, in der Carrer Nou Nummer 51, untergebracht. Die Einrichtung versteht sich als Kulturinstitut und besitzt die einstige Bibliothek des Schriftstellers, seine Manuskripte und viele Erinnerungsstücke. Die Mitarbeiter sind äußerst bemüht um die Besucher. Als Einführung in sein Leben und Werk kann sich der Besucher einen informativen Film ansehen und dabei Josep Pla in seiner katalanischen Muttersprache zuhören. Der Film wird mit Untertiteln gezeigt und vermittelt einen sehr guten Eindruck von dem Schriftsteller, seinem Leben und seiner besonderen Beziehung zu der Landschaft, die ihn umgab.

Von der Fundacion werden auch Spaziergänge (Ruta Josep Pla) durch Palafrugell angeboten, auf denen man die Stationen besichtigt, die im Leben von Josep Pla eine wichtige Rolle spielten, wie das Elternhaus, das Centre Fraternal (eine Art Kulturzentrum), Buchten, die er liebte, und der Ort Llofriu, wo der Schriftsteller auch begraben liegt.

Adresse Fundació Josep Pla, Carrer Nou, 51, 17200 Palafrugell, Tel. +34 972/305577, www.fundaciojoseppla.cat | **Anfahrt** Von der C-31 (aus Palamós kommend) auf die GI-654 Richtung Zentrum bis zum Kreisverkehr, dann in die Carrer de Torroella. Die erste Straße rechts ist die Carrer Nou, der Parkplatz liegt hinter der Stiftung. | **Öffnungszeiten** 15. Juni–15. Sept. Mo–Fr 9–13 und 17–20.30 Uhr, Sa 10–13 und 17–20.30 Uhr, So und Feiertage 10–13 Uhr; 16. Sept.–14. Juni Mo–Fr 9–14 und 16–18.30 Uhr, Sa 10.30–14 und 16–19 Uhr, So und Feiertage 10.30–14 Uhr | **Tipp** Der Lieblingsstrand von Josep Pla war Tamariú. Der Strand ist immer noch schön, wenn auch nicht mehr so einsam!

PALAFRUGELL

63__Vins i licors Grau
Weinangebot der Superlative

Plötzlich, gigantisch, unerwartet und unübersehbar liegt es an der Straße von Palafrugell nach Begur: das Gebäude des Weinhändlers Grau. Ein riesiger, moderner, kubusförmiger Komplex mit Parkplätzen rundherum. Es ist fast unmöglich, den Laden zu übersehen, einfach daran vorbeizufahren und keinen Stopp einzulegen. Denn fast jeder will wissen, was sich in dem Monstrum befindet. Besonders lebendig ist es dort am Abend.

Das Unternehmen Grau gibt es bereits seit über 35 Jahren, und es ist immer noch in Familienhand. Begonnen hat alles mit einer Botega-Taverna in Palafrugell. Miguel Grau, der Vater der jungen Generation in dem Unternehmen, wagte damals den Schritt in die Selbstständigkeit. Heute führt sein Sohn Jordi, der eigentlich Musik studierte, die Firma. Anfangs handelte er nur mit Wein, um sein Studium finanzieren zu können. Doch schon einige Jahre später, in den 1990er Jahren, begann schließlich die Erfolgsgeschichte der Brüder Sergi und Jordi Grau: Sie fingen an, einen Wein- und Spirituosenhandel aufzubauen. Das gelang ihnen äußerst gut, und schnell waren sie in der Region Girona bekannt. Sie gründeten eine Vertriebsgesellschaft, richteten ein Lager in Figueres ein und bald auch eine Niederlassung in Frankreich.

Mit dem Geschäft »Vins i licors Grau«, das im Jahr 2003 eröffnet wurde, hat die Familie eine der größten Weinhandlungen in Europa geschaffen. Auf einer Fläche von 1.200 Quadratmetern werden über 9.000 Weine und Spirituosen präsentiert und verkauft. Das Angebot ist nach Herkunft und Produktart sortiert, Informationstafeln geben detaillierte Erläuterungen. Es gibt einen eigenen, getrennten Bereich für hochwertigen Champagner und zudem eine große Verkaufsfläche für jegliches Zubehör: Gläser, Karaffen, Korkenzieher, Bücher, Geschenke und vieles mehr. Außerdem natürlich einen Verkostungsraum, in dem auch regelmäßig Kurse stattfinden. Da bleiben nur wenige Fragen und Wünsche offen!

Adresse Carrer de Torroella, 163, 17200 Palafrugell | **Anfahrt** An der GIP-6531 zwischen Palafrugell und Begur. | **Öffnungszeiten** Mo–Sa 8.30–1.30 und 16–20.30 Uhr, So 10–1.30 Uhr | **Tipp** In Figueres gibt es einen kleinen altmodischen Laden mit Likören namens »Vinos« in der Carrer Jonquera, 2, der genau das Gegenteil von diesem ist. Hier stehen noch alte Damen in Kittelschürzen hinter dem Tresen.

PALAFRUGELL

64 Die Welt der Korkarbeiter
Arbeit mit positivem Nebeneffekt

In der Carrer Pi i Margall steht die alte Korkfabrik, in der früher die Menschen tagein, tagaus ihrer Arbeit nachgingen. Mit der Korkverarbeitung hatte die Region um 1900 endlich einen Wirtschaftszweig gefunden, der vielen Einwohnern ein sicheres Einkommen bieten konnte. Das Museu del Suro war einst die größte Korkfabrik in Spanien.

Im Baix Empordà (der Region zwischen Torroella de Montgrí und Sant Feliu de Guíxols) gibt es besonders viele Korkeichen – gute Voraussetzungen also für die hiesigen Betriebe. Für die Bewohner der Region war der neue Industriezweig ein großer Segen. Viele Bauern stellten die schwere Feldarbeit ein, viele Fischer gaben ihr unsicheres Einkommen auf und versuchten ihr Glück in den Fabriken. Ihre finanzielle Situation verbesserte sich schlagartig, und sie hatten plötzlich auch mehr Freizeit. Es entwickelten sich Clubs und Kulturvereine. Auch innerhalb der Fabriken entstand eine eigene Kultur: Da die Korkverarbeitung eine leise Tätigkeit war, konnte ohne Probleme während der Arbeit vorgelesen werden. Schnell fanden einzelne Betriebe Mitarbeiter und Freiwillige, die aus Zeitungen, Zeitschriften und Büchern vorlasen. Die Sprache der Arbeiter veränderte sich, und ihr Ausdrucksvermögen wurde immer ausgefeilter.

Doch mit dem Ersten Weltkrieg kam für viele Fabriken das Ende, vom Wohlstand und Wohlbefinden der Arbeiter blieb wenig. Als die Industrialisierung weiter fortschritt, wurden schließlich viele Vorgänge mechanisiert und immer mehr Menschen entlassen. Dennoch ist die Korkproduktion in der Region immer noch präsent. Der Kork der Costa Brava ist berühmt, weil die Eichen die Rinde nur sehr langsam aufbauen, sodass besonders dichter und elastischer Kork entsteht.

In Palafrugells Museum geht es um die Bedeutung des Korks für die Region, um die Verarbeitung, die Herstellung und die Entwicklung des Industriezweiges.

Adresse Korkmuseum »Museu del Suro de Palafrugell«, Placeta de Museu, 17200 Palafrugell, Tel. +34 972/307825, www.museudelsuro.cat | **Anfahrt** Über die C-31 nach Palafrugell. Die Carrer Pi i Margall führt vom Zentrum zum Korkmuseum. | **Öffnungszeiten** 15. Juni–15. Sept. Mo–Sa 10–14 und 17–21 Uhr, So 10–14 Uhr; 1.–15. Juni und 16.–30. Sept. Di–Sa 10–14 und 17–20 Uhr, So 10–14 Uhr; restliches Jahr: Di–Fr 10–13 und 16–19 Uhr, Sa 10–13 und 16–20 Uhr, So 10–14 Uhr | **Tipp** In Palafrugell gibt es ein Restaurant mit dem Namen »Die Kaffeetasse« (La Xirca), in dem besonders die Nachspeisen ein Gedicht sind! Das Lokal befindet sich in der El Carrer Estret.

PALAMÓS

65_Die Altstadt
Mehr als nur Fisch

Palamós ist bekannt für seinen Hafen, die Fischversteigerungshalle »Llotja« sowie das direkt danebenliegende Fischereimuseum. Das sind die meistbesuchten Sehenswürdigkeiten des alten Fischerdorfes, in dem in der Nebensaison rund 17.000 Einwohner und in der Hauptsaison insgesamt um die 90.000 Menschen leben. Dennoch ist Palamós ein charmanter Ort, denn die Altstadt ist durchaus sehenswert: Nur wenige Schritte vom Hafen entfernt geht es über einige Treppenstufen oder auf langsam ansteigenden Straßen in das frühere Zentrum. Die Straßen ziehen sich hier wie Schnüre durch den Ort. Die Carrer Major ist die Haupteinkaufsstraße und Fußgängerzone. Hier gibt es moderne und altmodische Läden wie zum Beispiel den Kinderladen Merceria Marina, Cafés und Restaurants. Eins davon ist Maria de Cadaqués.

Das Lokal gibt es schon eine halbe Ewigkeit, seit 1936. Es liegt in der Carrer des Tauler i Servia (Verlängerung der Carrer Major) und ist von draußen durch ein Steuerrad an der Hauswand zu erkennen. Innen überwiegt Blau – die Farbe des Meeres. Maria de Cadaqués wird inzwischen in der vierten Generation geführt, die Familie setzt auf einfache, traditionelle Küche und hat auch den traditionellen Fischeintopf »Suquet« auf der Speisekarte. Der Koch verwendet vor allem Produkte der Region, und das Brot wird hier bis heute noch selbst gebacken.

Rechts und links von der Carrer Major verlaufen die Straßen der Altstadt. Vor den Cafés sitzen die Einheimischen und Touristen. Der Weg aufwärts lohnt sich – immer dem Licht entgegen, durch die Carrer i Mauri i Vilar oder Carrer del Molins. Oben spielte sich ab dem 17. Jahrhundert das Dorfleben ab. Hier stand die Kirche Nostra Senora de Gracia. Von der Kirche übrig geblieben ist nur noch die Rosette, durch die nun der Blick zur nächsten Bucht geleitet wird, wo sich der Yachthafen befindet. Daneben steht ein alter Wasserturm.

Adresse Carrer Major, 17230 Palamós | **Anfahrt** Die Altstadt von Palamós liegt neben dem Hafen: Von der C-31 bis zum Ende (Ave. Onze) durch den Ort fahren, am Hafen parken und links halten. Die Straßen rechts und links der Carrer Major sind Fußgängerzone. | **Tipp** Der Wochenmarkt und die Markthalle von Palamós sind ebenfalls sehenswert, denn dort sind vor allem Einheimische am Morgen unterwegs (zum Beispiel an der Bar in der Markthalle). Die Halle Mercat Municipal befindet sich an der Avenida Catalunya, 6, 17230 Palamós.

PALAMÓS

66 Die Bar »Casa del Mar«
Männersache

Hier ist die Welt noch in (alter) Ordnung: Am Morgen in der Bar »Casa del Mar« treffen sich die letzten Fischer von Palamós, die Arbeiter der nahe gelegenen Fischhalle Llotja und die Männer aus der Nachbarschaft. An den Wänden hängen alte vergilbte Schwarz-Weiß-Fotografien von großen Fängen, als Palamós noch der Ort für Thunfisch war. Mancher Fisch ist größer als der Fischer. – Lauter Geschichten, die sich hier am Hafen zugetragen haben. Inzwischen gibt es andere Gesprächsthemen, längst ist auch in Palamós die Haupteinnahmequelle der Tourismus. Doch die Ära der Männer ist an diesem Ort noch nicht beendet, und die Fischerei ist noch immer präsent, hier am Hafen, rund um die Llotja, wo jeden Nachmittag Fischversteigerungen stattfinden. Direkt daneben befindet sich das einzige Fischereimuseum am Mittelmeer (siehe Seite 142). Um die Region besser kennenzulernen, sind die Filme über den Tagesablauf der Fischer und ihre unterschiedlichen Fangtechniken sehenswert. Um die Realität kennenzulernen, ist jedoch die alte Kneipe unschlagbar. In der Casa del Mar frühstücken die heimgekehrten Fischer, tauschen sich aus und sehen hinaus zum Meer – hier haben sie die Bucht im Blick.

Der letzte Thunfisch, den hier ein Mann aus dem Meer der Costa Brava holte, soll angeblich zweieinhalb Meter groß gewesen sein und 250 Kilogramm gewogen haben. Ein Foto zeigt den Fischer Enrique Anfang 1990. Er war es, der den letzten König vor Palamós besiegt hat.

Auf den Bildern daneben ist ein grauhaariger Mann mit Sonnenbrille zu sehen, den vermutlich jeder in der Casa del Mar kennt. Es soll der beste Thunfisch-Fischer der Stadt gewesen sein. 1982 hat er stundenlang mit einem 300 Kilogramm schweren Thunfisch gekämpft und gesiegt. Solche Kämpfe gibt es in der Bucht von Palamós nicht mehr. Doch Fischer, Arbeiter und Männergeschichten immer noch.

Adresse Casa del Mar, Plaça de la Catifa, 3, 17230 Palamós, Tel. +34 972/316477 | **Anfahrt** Über die C-31 durch den Ort bis zum Hafen fahren. Die Bar liegt links vom Hafen und ist über eine Treppe oder Straße zu erreichen. | **Öffnungszeiten** hier kann man schon früh essen und trinken | **Tipp** Ein Blick in das Casino in Palafrugell lässt keinen Zweifel offen, dass auch hier die Männer in der Überzahl sind, El Centre Fraternal, Plaça Nova, 4, 17200 Palafrugell.

67 _ Der Hafen von Palamós
An einem ruhigen Morgen

Die Sonne glitzert auf dem Meer, die Boote schaukeln und leuchten in der morgendlichen Sonne. Vor der Llotja von Palamós sitzt ein Mann auf der Treppe, liest seine Zeitung und raucht eine Zigarette dazu. Die große Schiebetür des Gebäudes ist mit einem riesigen Foto von Meeresfrüchten geschmückt – das ideale Motiv zum Fotografieren.

Kisten und Plastikbehälter, in denen der Fisch transportiert wird, stapeln sich vor der Hauswand der großen Halle. Es ist Samstagmorgen und deshalb ruhig im Hafen.

Palamós ist bekannt für Fischfang. In ganz Katalonien gilt der Fisch von hier als besonders gut, und nach wie vor liegt hier die zweitgrößte Flotte des nördlichen Kataloniens. Im Ort leben immerhin noch 3.000 Menschen vom Fischfang (alle Tätigkeiten, die damit im Zusammenhang stehen, mit eingerechnet). Die Schleppnetzfischer fahren früh am Morgen aus und liegen anschließend in einer langen Reihe in der Bucht, bis um sieben Uhr das Startsignal ertönt. Ein Ereignis, das absolut sehenswert ist. Jedes Schiff versucht dann, die vermutlich fischreichste Route zu erwischen. Spätestens um 17 Uhr fahren alle Schiffe wieder ein, und die Versteigerung in der Llotja kann beginnen. Wer dieses Ereignis sehen möchte, sollte wochentags am späten Nachmittag kommen. Die Llotja befindet sich direkt neben dem Fischereimuseum, das ebenfalls im Hafen liegt; hier wird über die verschiedenen Fischarten an der Küste informiert, Fanggeräte sind zu besichtigen, und in einem Film werden die unterschiedlichen Fangtechniken erläutert. Das Museum lohnt sich besonders für Familien. Es wurde 2005 bei einem europäischen Wettbewerb mit dem Titel »Special commendation 2005« ausgezeichnet!

Alljährlich am 16. Juli findet zu Ehren der Virgen del Carmen eine Prozession auf dem Meer statt. Aus diesem Anlass werden alle Boote festlich mit Blumen geschmückt, um dann vor dem Hafen hell erleuchtet auf und ab zu fahren.

Adresse Museu de la Pesca, Moll pesquer, s/n, 17230 Palamós, Tel. +34 972/600424, www.museudelapesca.org | **Anfahrt** Über die C-31 durch den Ort bis zum Hafen. Das Museum liegt links, Parkplatz gegenüber. | **Öffnungszeiten** 15. Juni–15. Sept. täglich 10–21 Uhr, 16. Sept.–14. Juni Di–Sa 10–13.30 und 15–19 Uhr, So und feiertags 10–14 und 16–19 Uhr | **Tipp** In El Port de la Selva gibt es ebenfalls eine Llotja, in der jeden Tag Fischversteigerungen stattfinden. Direkt daneben befindet sich in der ersten Etage ein Restaurant mit Blick auf die Bucht.

68 __ Die Reisfelder
Seit vielen Jahrhunderten

Im Baix Empordà gibt es eine Reihe sehenswerter mittelalterlicher Dörfer. Ein Musterbeispiel und besonders gern besucht ist der kleine Ort Pals. Makellose Gassen und Stadtmauern, Befestigungstürme und kleine Läden. Fast schon zu schön wirkt das vorbildlich restaurierte Dorf. Wenn dann auch noch mittelalterlich gekleidete Verkäufer ihre Ware feilbieten, ist es nahezu perfekt. Sehenswert ist Pals auf jeden Fall.

Spannender jedoch ist die Landschaft drum herum, die verantwortlich für die Spezialität des Ortes ist: Pals ist umgeben von Sumpfgebieten, in denen schon seit Jahrhunderten Reis angebaut wird. Urkundlich erwähnt wurde der Reisanbau bereits 1452. Im selben Jahr wurde hier die erste Reismühle errichtet, die inzwischen zum Museum umgebaut wurde und besichtigt werden kann. Der Name des Ortes wurde vom lateinischen »Palus« für Sumpf abgeleitet. Die wenigsten Besucher der Costa Brava vermuten hier feuchte Äcker und Reisfelder, denn bis heute werden diese primär Asien zugeordnet – und das, obwohl der Reisanbau in Europa ebenfalls eine lange Tradition hat und noch immer in Frankreich und Spanien praktiziert wird. So eben auch in Pals, dessen Reisqualität sehr geschätzt wird.

Das sogenannte Mikroklima mit milden Temperaturen und geringen Schwankungen im Empordà bietet ideale Bedingungen für den Anbau: Die Pflanzen reifen langsam, wodurch der Reis kochfester ist als andere Sorten. So ist es auch nicht verwunderlich, dass viele außergewöhnliche oder bewährte Rezepte für Reisgerichte aus Pals kommen. Jedes Jahr im März und April widmet sich der Ort voll und ganz seiner Spezialität mit der gastronomischen Kampagne »Pals und seine Reisküche«. Viele Restaurants bieten dann ihren Gästen besondere Menüs, in deren Mittelpunkt natürlich der Reis steht. Der Bauernhof »Mas Gelabert« baut bereits seit dem 17. Jahrhundert Reis an und kann besichtigt werden.

Adresse Infos über teilnehmende Restaurants und zum Bauernhof unter Oficina de Turisme de Pals, Plaça Major, 7, 17256 Pals, www.visitpals.com | **Anfahrt** Pals liegt an der C-31 zwischen Torroella de Montgrí und Palafrugell. Entlang der Strecke liegen Reisfelder. | **Tipp** Ein typisches katalanisches Reisgericht ist »Arroz negro a la cazuela«. Für die schwarze Farbe sorgt die Tinte der verwendeten Tintenfische. Weitere Zutaten sind Seeaal, Knoblauch, Öl, Tomaten, Zwiebeln und Miesmuscheln.

69 _ Stauseen und Tafelberge
Erstaunliche Landschaft

Das Hinterland der Costa Brava ist vielfältig, weitläufig und beeindruckend. Es gibt viele Möglichkeiten, um es zu erkunden: mit dem Auto, dem Rad, zu Fuß, mit dem Kajak. Fest steht, dass es sich in alle Himmelsrichtungen lohnt. Ein schöner Ausflug ist eine Fahrt an Stauseen und Tafelbergen vorbei Richtung Pantà de Susqueda, Pantà de Sau und Tavertet. Tavertet liegt nordöstlich vom See Pantà de Sau und ist am besten von Rupit aus über die BV-5207 zu erreichen. Die Straße führt durch einen Buchenwald.

Der kleine Ort liegt 900 Meter über dem Meeresspiegel, und es bieten sich wunderbare Ausblicke auf die urwüchsige Landschaft bis hin zu den Tafelbergen der Costa Brava und dem Stausee. Obwohl auch hier trotz der abgeschiedenen Lage der Tourismus Einzug gehalten hat, besitzt Tavertet nur 155 Einwohner. Die 48 Häuser sowie die Kirche des Ortes stammen aus dem 17. und 18. Jahrhundert. In einem dieser Häuser lebt der als Verfechter eines interreligiösen Dialogs bekannte Priester Raimon Panikkar.

Unterhalb des Ortes Tavertet, jedoch von hier nicht zu erreichen, liegt der Stausee Pantà de Sau oder Pantano de Sau. Gespeist wird er durch den Fluss Ter. Der See ist eine wesentliche Quelle für die Wasserversorgung Kataloniens und seit 1962 in Betrieb. Um den Staudamm bauen zu können, mussten die Bewohner mehrerer kleiner Ortschaften in den neu angelegten Ort Vilanova de Sau umziehen. Ein Andenken an diese versunkenen Ortschaften ist die Kirchturmspitze von Sant Romá de Sau, die bis zu zwei Metern aus dem See herausragt.

Östlich liegt ein weiterer Stausee: Pantá de Susqueda. Er hat eine riesige Staumauer, und man kann ihn von Amer über einen Weg immer am Fluss entlang erreichen. Die Fahrt zu den Stauseen ist vor allem wegen der umliegenden Berge, der beeindruckenden Staumauern und der stimmungsvollen Einsamkeit empfehlenswert.

Und weil die Costa Brava hier wieder ganz anders ist.

Adresse 08511 Tavertet oder Parador in Paraje el Bac de Sau, Ctra. de Tavèrnoles, 08500 Vic | **Anfahrt** Von der C-25 von Girona oder Vic kommend auf die N-141, schließlich führt ein Weg zum See Pantà de Sau. Von der C-63 aus Richtung Amer kommend, geht ein Weg links immer am Fluss entlang zum Pantá de Susqueda und zur Staumauer. | **Tipp** In der Nähe von Figueres Richtung La Jonquera – circa 35 Kilometer vom Meer entfernt – befindet sich der oft menschenleere Stausee »Pantà Boadella« (Richtung Darnius fahren und dann zum See hinunter).

PERALADA

70 Die Bibliothek im Castell
»Don Quijote« in 1.000-facher Ausführung

Der Name »Castell de Peralada« wird heute in erster Linie mit zwei Dingen in Verbindung gebracht: Da gibt es zuerst einmal den Sekt und den Wein, die aus der gleichnamigen Kellerei stammen. Zum anderen wird hier seit 1987 ein Musikfestival mit internationalen Stars veranstaltet, auf dem Jazz- und Kammermusiker, Opernsänger und Popgrößen, aber auch viele spanische Musiker auftreten. Ein Event, das jeden Sommer stattfindet und viele Besucher anlockt und sich inzwischen in weiten Teilen Europas einen Namen gemacht hat.

Hinter der gänzlich von Mauern umgebenen Anlage befinden sich aber weitere Kleinode, die Kulturinteressierte anlocken könnten, wie die Bibliothek. Sie ist in den Räumen des ehemaligen Karmeliterklosters »del Carme« untergebracht und wurde Mitte des 19. Jahrhunderts von den Grafen von Peralada angelegt. Damals umfasste sie ungefähr 20.000 Bücher. Als Miquel Mateu i Pla das gesamte Anwesen im Jahr 1923 kaufte, begann er, die Sammlung zu erweitern. Heute sind hier über 80.000 Bücher zu sehen, unter anderem ungefähr 1.000 Ausgaben des spanischen Nationalepos »Don Quijote«, das Herr Mateu i Pla sehr liebte und das hier in 33 Sprachen übersetzt zu finden ist. Außerdem gibt es Bücher über Geschichte, Literatur und Kunst. Besonders wertvoll sind die Titel, die zu Anfang des Buchdrucks im 15. Jahrhundert entstanden. Das älteste Buch der Sammlung stammt aus Venedig und ist aus dem Jahr 1472; die Themen dieser Zeit waren natürlich meist religiöser Natur. Neben Büchern befinden sich im Archiv der Bibliothek eine Menge alter Manuskripte, die sich mit Stammbäumen von den wichtigsten katalanischen Adelsfamilien, Verträgen und Steuern befassen.

Die Privatbibliothek in Peralada ist heute eine der größten in Katalonien. Wer möchte, kann sie für standesamtliche Trauungen buchen, es ist aber auch möglich, die Räumlichkeiten für Feste oder Firmenevents zu mieten. Bis zu 140 Personen haben darin Platz.

Adresse Castillo de Perelada, Plaça del Carme, 1, 17491 Peralada, Tel. +34 972/538011, www.castilloperelada.com | **Anfahrt** N-260 von Figueres Richtung Llanca, links auf die GIP-6042. Ein Parkplatz befindet sich unten am Ortseingang. | **Öffnungszeiten** Die Bibliothek kann nur im Rahmen einer Führung besichtigt werden: Di–Sa um 10, 11, 12 und 16.30, 17.30, 18.30 Uhr sowie So um 10, 11 und 12 Uhr | **Tipp** Das Unternehmen Gascon Catering aus Palamós – Carrer President Macià, 11 – organisiert und versorgt die unterschiedlichsten Events – von der Hochzeit über Geburtstag und Firmenfeier bis zum Picknick.

PERALADA

71 Das Glasmuseum
Faszination pur: Buddelschiff mit Altar

Glas gehört zu den ältesten Werkstoffen der Menschheit und wird bereits seit Jahrtausenden für die unterschiedlichsten Zwecke verwendet: für Werkzeuge oder Gefäße, für Fenster oder als Schmuck und zur Zierde. Was für wunderschöne Objekte es sonst noch aus Glas gibt, das ist in Peralada zu sehen. Hier befindet sich die größte private Glassammlung Kataloniens, die zugleich eine der bedeutendsten Sammlungen Europas ist. Katalonien verdankt sie dem Industriellen Miquel Mateu i Pla, der das gesamte Anwesen im Jahr 1923, nachdem es bereits einige Jahre leer gestanden hatte und immer mehr verfiel, kaufte. Mateu war ein leidenschaftlicher Sammler. Und diese Leidenschaft überträgt sich auf die Besucher des Museums – ganz egal, ob Glas die eigene Leidenschaft ist oder ob man nur aus Neugierde einmal hereinschaut. Mateus mit Liebe zusammengetragene Fundstücke ziehen den Betrachter in ihren Bann. Es ist erstaunlich, was er alles gefunden hat.

Die Glassammlung gehört zum Museumsrundgang im Schloss. Hier befinden sich circa 2.500 Ausstellungsstücke, die aus der Zeit von 300 vor Christi bis ins 19. Jahrhundert reichen. Faszinierend sind die Vielfalt, die Gestaltungsvarianten und die Menge. Da gibt es Glas aus den unterschiedlichsten Epochen, Parfumflakons aus vielen verschiedenen Ländern, reich verzierte Reagenzgläser für besondere Essenzen oder das berühmte Glas aus Böhmen, wunderschön bunt bemalt. Sagenhaft sind zwei dickbauchige Flaschen, in denen sich ein Altar mit Priester, die Muttergottes, Kerzen, Kronleuchter und andere Kircheneinrichtungsgegenstände befinden. Eine Art Buddelschiff – nur mit Altar.

Die gesamte Schlossanlage befindet sich heute in Besitz von Carmen Mateu Quintana. Während des Spanischen Bürgerkriegs wurden im Schloss wertvolle Kunststücke aus dem Prado aufbewahrt, die von hier aus weiter nach Genf und Ceret evakuiert werden konnten.

Adresse Castillo de Perelada, Plaça del Carme, 1, 17491 Peralada, Tel. +34 972/538011, www.castilloperelada.com | **Anfahrt** N-260 von Figueres Richtung Llanca, links auf die GIP-6042 nach Peralada. Die Straße führt direkt zur Schlossanlage. Unterhalb und neben dem Park gibt es Parkplätze. | **Öffnungszeiten** 1-stündige Führungen (Bibliothek, Glasmuseum und Weinkeller): Di–Sa 10, 11, 12, 16.30, 17.30 und 18.30 Uhr, So nur 10, 11 und 12 Uhr | **Tipp** Eine ganz andere Sammlung ist die Colecío Xevi: Der Magier hat Zauberbedarf aus verschiedenen Epochen gesammelt. Die Sammlung befindet sich in Santa Cristina d'Aro in der Av. Eglesia 1 (www.xevi-ilusionista.com).

72__Der Park von Peralada
Unrealistisch geplant

Im Jahr 2011 gab es in Peralada ein ganz besonderes Ereignis: Zum ersten Mal in der fast 140-jährigen Geschichte des Schlosses öffneten die Eigentümer ihren Park für die Öffentlichkeit. 33.000 Quadratmeter umfasst die zugehörige Parkanlage, in der besondere Bäume und Pflanzen zu sehen sind.

Die Geschichte der gesamten Anlage beginnt schon viele Jahrhunderte vorher. Im 9. Jahrhundert errichteten die Vizegrafen von Peralada, die Familie Rocabertí, eine Burg innerhalb der bisherigen Stadtmauer. Die Wehranlage wurde 1285 zerstört, doch die Rocabertís ließen das Castell de Peralada im 14. Jahrhundert außerhalb der Mauern größer wieder aufbauen. Zur gleichen Zeit errichtete der Karmeliterorden direkt daneben sein Kloster. Bis 1835 blieben die Mönche in Peralada, danach wurde aus dem Kloster eine Schule. Ende des 19. Jahrhunderts sollte die Burg in ein repräsentatives Schloss nach französischem Vorbild umgewandelt werden, und dazu gehörte ein eigens angelegter Landschaftspark – gestaltet von François Duvilliers, der selbst nie in Peralada war. Dieser Park war jedoch nur einige Jahre in Familienbesitz, mit dem Tod des alleinstehenden Tomàs de Rocabertí vereinsamte das Schloss, der Park und die gesamte Anlage verfielen allmählich. 1923 kaufte der katalanische Stahlindustrielle Miquel Mateu i Pla das Gelände und setzte es wieder instand. Jetzt lebt seine Tochter Carman Mateu Quintana hier, die das inzwischen international bekannte Musikfestival von Perelada initiierte.

Seit Mai 2011 ist es möglich, den Schlosspark im Rahmen einer Führung zu besichtigen. Es gibt Pflanzen zu sehen, die sonst in Katalonien nicht zu finden sind. Ebenso wurden hier Weißstörche angesiedelt – eine Zusammenarbeit mit dem Naturpark »Parc Natural dels Aiguamolls de L'Empordà«. In der Schlossbibliothek gibt es eine Ausstellung mit den Originalplänen und Quittungen für Gartenmaterial aus dem Jahr 1877 zu sehen.

Adresse Castillo de Perelada, Plaça del Carme, 1, 17491 Peralada, Tel. +34 972/538011, www.castilloperelada.com (neben dem Casino) | **Anfahrt** N-260 von Figueres Richtung Llanca, links GIP-6042. Ein Parkplatz befindet sich unten am Ortseingang. | **Öffnungszeiten** Juli–Aug. täglich 11–19 Uhr | **Tipp** Im nahe gelegenen Naturpark Aiguamolls sind neben den Weißstörchen und anderen Vogelarten auch Flamingos zu sehen. Die meisten an der »Laguna La Ronquera«.

PERATALLADA

73 Das El Pati
Walnussbäume können glücklich machen

Der kleine, malerische Ort Peratallada ist für seine alten Gassen und Häuser bekannt und ein beliebtes Ausflugsziel der Strandurlauber von der Costa Brava. Dennoch birgt er Schätze. Einer dieser Schätze ist das Hotel und Café El Pati in der Carrer Hospital.

Auf den Garten des El Pati sind einige Besucher vielleicht schon beim ersten Vorübergehen aufmerksam geworden und haben einen neugierigen Blick hineingeworfen. Durch die weit geöffneten Türen der Bar sieht man schon von der Straße aus in einen verwunschenen Garten und das verlockende Grün auf der Terrasse. Ein wunderbarer Platz nach einem Bummel durch den alten Ort, denn hier spenden Walnussbäume wohltuenden Schatten. Die Tische und Stühle sind aus vielen verschiedenen Stilen zusammengemixt, alle Tische sind mit strahlend weißen Tischtüchern eingedeckt. In den Bäumen baumeln weiße Kugellaternen im Wind. Gekocht wird im El Pati mit frischen Zutaten der Gegend: Seeteufel mit Spargel und Spinat, Ziegenfrischkäse auf Paprika oder Gazpacho. Jeder, der das schon einmal probiert hat, weiß, wie gut diese kalte Suppe gerade an heißen Tagen tut! Vom Garten aus führt eine Treppe einige Stufen hinab zu den Toiletten, die sich in einem bunten Zelt befinden.

Auch das Innere des Gebäudes, ein für diese Region typisches Steinhaus aus dem 17. Jahrhundert, ist speziell eingerichtet. An den Wänden stehen und hängen verschiedene Puppenhäuser aus unterschiedlichen Epochen. Dementsprechend sehen dann auch die Möbel, Lampen und die Puppen selbst aus; eine lustige Zeitreise mit vielen kleinen Details. Zum Restaurant gehört auch ein Hotel, das sehr charmant eingerichtet ist. Eine angenehme Vorstellung, den Abend auf der Terrasse zu verbringen, in einem hübschen Zimmer zu schlafen und den Morgenkaffee wieder unter den Walnussbäumen zu sich zu nehmen. Dann herrschte Ruhe im Ort, und die mittelalterliche Atmosphäre und Sehenswürdigkeiten wie der romanische Glockenturm aus dem 11. Jahrhundert werden ganz anders wahrgenommen.

Adresse Hotel El Pati – 2003, C. Hospital, 13, 17113 Peratallada, Tel. +34 972/634069, peratallada@hotelelpati.net | **Anfahrt** Von der C-66 bei La Bisbal auf die GI-644 oder von der C-31 aus Torroella de Montgrí kommend auf die GI-651 fahren. | **Tipp** Rund um Peratallada gibt es viele schöne und einfache Wanderwege (keine beziehungsweise kaum Steigung) wie Richtung Ullastret oder Llofriu.

74 _ Der Strand bei Palamós
Eine feine Perle am Mittelmeer

Dieser wunderschöne kleine Strand in Form einer Mondsichel machte in den 90er Jahren Schlagzeilen: Hier sollten Appartements gebaut werden, doch die Anwohner taten sich zusammen, um das zu verhindern. Sie wollten nicht, dass die kleine Bucht dasselbe Schicksal ereilte wie die meisten anderen Strände vor ihr: gnadenlose Bebauung ohne Rücksicht auf Anwohner und Natur.

Die Demonstranten setzten ein Referendum durch, und sie erhielten recht: Die Bucht Platja del Castell ist bis heute so erhalten geblieben, wie ihn die spanischen Großeltern noch in ihrer Erinnerung haben. Und deshalb ist dieser Ort ein besonders schönes Reiseziel geblieben. Umgeben von Wald und Wiesen, 375 Meter lang und 40 Meter breit, gilt der Strand heute als einer der schönsten an der Küste. Während der Sommermonate wird eine Reihe von Chiringuitos (kleine Buden) aufgebaut, in denen es eisgekühltes Bier, Sandwiches und kleine Gerichte gibt. Des Weiteren kann man hier schnorcheln, es gibt eine Kajakschule, Sonnenschirme und Liegestühle werden vermietet. Auch für Kinder ist der Strand ideal geeignet, weil das Wasser hier nur gemächlich tiefer wird. Und dazu liegen auf einem Felsen etwas oberhalb Reste einer iberischen Siedlung aus dem 6. Jahrhundert. Der kurze Aufstieg lohnt sich schon allein wegen der Ausblicke.

Bevor sich die Besucher hier in die Wellen des Mittelmeeres stürzen, können sie noch einen Spaziergang machen. An der Bucht befindet sich ein Abschnitt des Küstenwanderweges Camí de Ronda. Platja del Castell liegt ziemlich genau auf der Hälfte der insgesamt 60 Kilometer langen Strecke. Die gesamte Gegend ist äußerst reizvoll, und eine andere besonders schöne Bucht, die Cala Estreta, ist von hier aus auch zu erreichen: nur zu Fuß und je nach Tempo innerhalb von circa 20 Minuten! Der gesamte (circa 4,5 Kilometer lange) Weg von Palamós bis Platja del Castells ist ebenfalls sehr reizvoll und führt an weiteren Buchten vorbei.

Adresse Platja del Castell, 17230 Palamós | **Anfahrt** Von Palamós auf der C-31 in Richtung Palafrugell Ausschau nach dem Schild »Platja Castell« halten oder zu Fuß von Palamós aus auf dem Camí de Ronda, der in La Fosca startet. | **Tipp** Ein wunderschöner Strand befindet sich auch weiter nördlich bei Sant Pere Pescador direkt an den Naturpark Aiguamols angrenzend: Playa de Can Comes. Hier treffen Sanddünen auf Lagunen des Parks. Da von April bis Juni Brutzeit ist, wird der Strand in dieser Zeit gesperrt.

75 Der Bahnhof über dem Dorf

Hier wurden Schicksale entschieden

Portbou ist ein kleines verschlafenes Nest an der Costa Brava. Es ist der letzte Ort vor der französischen Grenze und liegt an den Ausläufern der Pyrenäen. Dominiert wird Portbou von einem einzigen Gebäude, genau gesagt zwei nebeneinanderliegenden Bauwerken: dem alten Bahnhofsgebäude und dem neuen. Wenn auch nicht jeder Bahnhof eine Sehenswürdigkeit ist, lohnt dieser aufgrund seiner Geschichte auf jeden Fall.

In Portbou spielten sich in der Vergangenheit Tragödien ab. Im Zweiten Weltkrieg kamen viele Menschen auf der Flucht vor den Nazis voller Zuversicht hier an. Von 1934 bis 1944 war der Bahnhof Sammelpunkt für deutsche und französische Emigranten, die hier von Fluchthelfern empfangen wurden. Manch einer von ihnen hatte seine Heimat verlassen und nur noch die Reste des Hab und Guts bei sich. Die Flüchtlinge hofften auf ein besseres Leben hinter der Grenze. Auch im Spanischen Bürgerkrieg hatte der Bahnhof eine entscheidende Rolle gespielt und vielen bei der Flucht Richtung Frankreich geholfen. Und nicht zuletzt verfügt er über eine bahnhistorische Besonderheit: Die aus Frankreich kommenden Züge mussten früher hier halten und die Fahrgäste und die geladenen Güter die Züge wechseln, da die Schienenspuren in Spanien breiter waren. Französische Züge kamen hier nicht weiter und mussten umkehren. Erst 2010 wurde die normalspurige Hochgeschwindigkeitsstrecke eröffnet, seitdem nimmt die Bedeutung Portbous ab.

Portbou ist ein charmanter Ort, zu dem ein kleiner Strand mit Chiringuitos, Bars und Cafés genauso gehört wie eine Rambla, eine Markthalle und einige hübsche Bauten. Nur rund 1.300 Menschen leben hier. Am Morgen ist Portbou in das sanfte Licht der spanischen Sonne getaucht, die einen verheißungsvollen Tag verspricht. So wird es für viele hier schon immer gewesen sein.

Adresse Bahnhof Portbou, Carrer Claudi Planas, 17497 Portbou | **Anfahrt** Der Bahnhof von Portbou liegt – von Colera über die N-260 kommend – unübersehbar links oberhalb des Ortes und ist gut ausgeschildert. Die Straße »Carrer Frederic Marés« führt hinauf (Parkplätze vorhanden). | **Tipp** Wer in Portbou übernachten möchte, sollte den Donnerstag oder Freitag wählen, denn am Freitagvormittag ist Markt. Der Strand mit seinen roten Chiringuitos ist nur selten überfüllt.

PORTBOU

76 — Walter Benjamins Denkmal

Erinnerung an eine dunkle Zeit

Auf dem Friedhof oberhalb von Portbou streicht der Wind durch die Zypressen, die gegenüberliegenden Felsen, die ins Meer fallen, taucht die Morgensonne in rotgoldenes Licht. Es ist still und friedlich an diesem geschichtsträchtigen Ort.

Im September 1940 war es dem Berliner Philosophen Walter Benjamin gemeinsam mit einer Gruppe anderer Flüchtlinge gelungen, über die Pyrenäen nach Spanien zu gelangen. Sie alle hofften, hier vor den Nationalsozialisten sicher zu sein, aber die spanischen Behörden des Franco-Regimes verweigerten die Einreise. Walter Benjamins Pass fehlte das französische Ausreisevisum. Aus Verzweiflung darüber wählte er in der Nacht vom 26. auf den 27. September den Freitod. Die restliche Gruppe durfte daraufhin einreisen, angeblich weil die Grenzbeamten so erschüttert gewesen sein sollen.

Der israelische Bildhauer Dani Karavan hat an diesem Ort ein eindrucksvolles Denkmal mit dem Namen »Passagen« geschaffen. Ein langer, schmaler Schacht aus rostigen Stahlwänden, der die Felsen hinunter in Richtung Meer verläuft. Von oben ist das Glitzern zu sehen. Das Denkmal ist ein Sinnbild für die Ausweglosigkeit der Situation damals: Es gab nur diesen einen Weg, und der führte ins Nichts und nicht auf den so erhofften sicheren Boden. Der Schacht, den man über Treppenstufen hinabsteigen kann, endet unten mit einer Glasplatte, auf der ein Zitat Benjamins eingraviert ist: »Schwerer ist es, das Gedächtnis der Namenlosen zu ehren als das der Berühmten. Dem Gedächtnis der Namenlosen ist die historische Konstruktion geweiht.« Es stammt aus Benjamins Notizen zu einem letzten, 1939 entstandenen Aufsatz. Auf dem danebenliegenden Friedhof befindet sich Walter Benjamins letzte Ruhestätte. Auf dem Grab ist eine philosophische These eingraviert. Noch immer kommen Menschen hierher, um Steine auf die Grabstelle zu legen.

Adresse Denkmal »Passagen« am Friedhof, 17497 Portbou | **Anfahrt** Der Friedhof von Portbou liegt am südlichen Ende des Ortes und ist von der Küstenstraße N-260 aus zu erreichen (von Colera kommend rechts abbiegen). | **Tipp** Von Banyuls sur Mer in Frankreich aus bis nach Portbou kann man den ehemaligen Fluchtweg, der heute »Chemin Walter Benjamin« heißt, nachwandern.

77 _ Die Boote
Gala für immer

Es war Liebe auf den ersten Blick. Als Salvador Dalí Gala zum ersten Mal sah, war er fasziniert von dieser Frau. Seine Faszination hielt Jahrzehnte an, und die beiden konnten nie mehr voneinander lassen.

Ähnlich groß war Dalís Liebe zur Costa Brava. Er liebte seinen Geburtsort Figueres, ebenso Cadaqués an der Küste, und fand schließlich selbst seine Heimat in der Bucht von Portlligat. Zu dieser Zeit fuhren noch nicht so viele Autos zwischen Cadaqués und der nur wenige Kilometer entfernten Bucht. Als Dalí Portlligat für sich entdeckte, gab es nur einige Fischerhäuser; und Boote, die am Morgen und Abend aufs Meer hinausfuhren.

Dalí besaß selbst drei von diesen Fischerbooten. Sein erstes nannte er nach seiner Frau Gala. Das zweite Boot nannte er Gala II und das dritte schließlich Gala III. Er liebte Gala abgöttisch, wenngleich die zwei doch eine sehr offene Beziehung führten und immer wieder Liebhaber und Geliebte hatten. Die Boote nutzten sie vor allem, um die Strecke von hier nach Cadaqués zurückzulegen. In Cadaqués spielte sich das Leben ab, dort trafen sie viele Freunde. In Portlligat dagegen war es ruhig und beschaulich. Abgesehen von den Touristen, die hier heute das Wohnhaus Dalís besichtigen, ist die Bucht immer noch verschlafen. Und Gala liegt dort immer noch vertäut. Das Boot wird inzwischen für Ausflüge genutzt. Das Paar nutzte es, um Verpflegung zu transportieren.

Gala wurde zwar von Dalí über alles geliebt, doch seine Familie und auch viele Bewohner lehnten sie ab. Sie hatte ihren Mann Paul Eluard und ihre Tochter verlassen und war in den Augen der Einwohner des katholischen Spaniens quasi eine Prostituierte. Wenn sie mit Dalí gesehen wurde, brach eine Welt zusammen. Das änderte sich endgültig, als Dalí berühmt wurde. Gala starb in Portlligat, wurde aber in ihrem Schloss in Púbol begraben. Dalí selbst kehrte nie in die Bucht zurück.

Adresse Platja Portlligat, 17488 Cadaqués | **Anfahrt** Die GI-614 führt nach Cadaqués. Von dort aus zu Fuß entlang der Küste oder mit dem Wagen über die Avenue Salvador Dalí; der Hafen liegt direkt vor dem Wohnhaus. | **Tipp** Ein weiteres Boot von Dalí liegt neben dem Eingang zum Wohnhaus. Es heißt selbstredend »Das Boot und die Zypresse«.

PORTLLIGAT

78__Dalís Zuhause
Vom Fischer und seiner Frau

Ob man ihn mag oder nicht, ob man will oder nicht: Zur Costa Brava gehört der Maler Salvador Dalí genauso wie die wilde Küste. Er selbst war der größte Verehrer seiner Heimat. Dalí lebte in Paris und New York, doch für ihn gab es nichts Schöneres als die Küste bei Cadaqués und die Bucht von Portlligat, wo er sich schließlich sein Traumhaus baute. Nach und nach kaufte er dort kleine Fischerhäuser auf und verband diese miteinander. Entstanden ist ein Haus mit vielen kleinen Treppen und Stufen, außergewöhnlichen wohnlichen Details und ausgeklügelten Ideen des Malers. Das Haus hat einen unvergleichlichen Charme.

Auffällig ist das Schlafzimmer von Dalí und Gala. Nicht allein aufgrund der Ausstattung, sondern vielmehr wegen zunächst verborgener Besonderheiten, die der Besucher erst bei einer Führung erkennt. So gibt es zum Beispiel einen Spiegel, der schräg neben einem der Fenster angebracht ist. Völlig überflüssig scheint er hier kurz über der Decke zu hängen. Doch Dalí hatte sich etwas dabei gedacht: Der Spiegel sollte die morgendlichen Sonnenstrahlen auffangen und über den von ihm ausgeklügelten Winkel in sein Gesicht bringen, wenn er noch im Bett lag. So konnte er sichergehen, dass er jeden Morgen von der Sonne geweckt wurde, obwohl das Bett einige Meter entfernt auf einer Empore stand.

Dalí liebte auch das Zirpen der Grillen. Aus diesem Grund steht ein großer Käfig unterhalb des eigentlichen Schlafraumes. Aber es gibt noch viel Bemerkenswertes: zum Beispiel den ausgestopften Bären im Eingang, das Atelier, den Ankleideraum mit einer Fotogalerie oder das ovale Wohnzimmer.

Um Dalí auch ein wenig privat kennenzulernen, ist sein Wohnhaus in ein Museum umgewandelt worden, das nur mit Voranmeldung und Führung besucht werden kann. Diese Führung erlaubt einen Einblick in die Seele des verrückten und leidenschaftlichen Katalanen.

Adresse Casa Salvador Dalí, Platja Portlligat, s/n, 17488 Cadaqués, Tel. +34 972/251015, www.salvador-dali.org | **Anfahrt** Die GI-614 von Roses bis Cadaqués und dann der Beschilderung nach Portlligat folgen. Die Straße nach Portlligat geht links ab; zu Fuß entlang der Küste oder mit dem Wagen über die Avenue Salvador Dalí. | **Öffnungszeiten** nur mit Führung, 16. Sept.–6. Jan. und Feb.–14. Juni Di–So 10.30–18 Uhr; 15. Juni–15. Sept. täglich 9.30–21 Uhr; 7. Jan.–11. Feb. geschlossen, unbedingt vorbuchen! | **Tipp** Andere Maler sind in der Sammlung »Espai Carmen Thyssen« in der Plaça Monestir, s/n in Sant Feliu de Guíxols zu sehen. Wechselnde Ausstellungen und viele Landschafts- und Meerbilder.

PORTLLIGAT

79 — Der Garten Dalís
Surrealistisch und verträumt

Verrückt war Salvador Dalís Idee, sich einen penisförmigen Pool in den Garten zu bauen. Doch diese Form ist für einen unwissenden Besucher gar nicht sofort ersichtlich. Viel verrückter sehen zunächst die Pirelli-Männchen aus, die neben einem knallrosa Sofa in Form eines Mundes stehen und den Pool säumen.

Der New Yorker Maler Robert Venosa, der in Cadaqués lebte und mit Dalí befreundet war, beschrieb die Atmosphäre im Hause als äußerst entspannt. Dalí erlebte er als offen, seine Einladungen in seinen Garten als besonders unterhaltsam. Hier trafen sich Künstler, Aristokraten und andere illustre Menschen, um am phallusförmigen Pool Champagner zu trinken und den Unterhaltungsdarbietungen beizuwohnen. Dalí engagierte Flamencotänzerinnen, Ballerinas, Jongleure, Zauberer und viele mehr, um für sein Vergnügen und das der Gäste zu sorgen. Zum Essen ging es dann in sein Lieblingslokal »El Barrocco«.

Aber es gab auch den verträumten Dalí, der viele Terrassen und Plätze im Garten anlegte, die einen herrlichen Blick aufs Meer und Schatten unter Kork- und Pinienbäumen bieten. Hier konnten Dalí und seine Frau ausruhen oder arbeiten. Vereinzelt stehen noch Stühle herum, die ahnen lassen, wie die zwei hier saßen.

Der Garten hat sogar eine Milchstraße: So nannten Dalí und Gala den Weg, der zu ihrem Lieblingsstrand hinunterführt. Gesäumt ist er von Granatapfelbäumen, die wiederum die Lieblingsfrüchte des Malers waren. Gewaltige Blumentöpfe in Form von Tassen sind weitere Dekorationen im Garten. Es gibt eine riesige liegende Skulptur oberhalb des Hauses, die berühmten weißen Eier, zwei überdimensionale silbrige Köpfe und kurz vor dem Ausgang eine Telefonzelle. Und doch haben der Garten und der Ausblick etwas sehr Friedvolles und Beruhigendes. Alles wirkt urwüchsig und ursprünglich, obwohl doch so viel vom großen Meister des Surrealismus inszeniert wurde.

Adresse Casa Salvador Dalí, Platja Portlligat, s/n, 17488 Cadaqués, Tel. +34 972/ 251015, www.salvador-dali.org | **Anfahrt** Die GI-614 von Roses bis Cadaqués und dann der Beschilderung nach Portlligat folgen. Die Straße nach Portlligat geht links ab. Zu Fuß entlang der Küste oder mit dem Wagen über die Avenue Salvador Dalí. | **Öffnungszeiten** nur mit Führung möglich, 16. Sept.–6. Jan. und Feb.–Juni 10.30–18 Uhr; 15. Juni–15. Sept. 9.30–21 Uhr, unbedingt vorbuchen! | **Tipp** Dalí liebte schon als Kind Blumen und Düfte. Doch erst mit 72 Jahren brachte er Parfums auf den Markt – selbstverständlich in besonderen Flacons, die es im Museumsshop zu kaufen gibt.

80 Das Schloss Púbol
Die Kleider Galas

Sie liebte die Geheimnisse um ihre Person und verschleierte sogar ihr Geburtsdatum. Ihr Leben sollte ein Mythos bleiben, und dazu gehörte die Selbstinszenierung – ähnlich wie bei ihrem Ehemann Salvador Dalí. Die Roben und Kleider von Gala, die im Schloss Púbol in der ersten Etage ausgestellt sind, geben einen Eindruck.

Das Schloss, das in dem gleichnamigen winzigen Ort Puból im Hinterland der Costa Brava liegt, schenkte ihr der Meister des Surrealismus selbst. Hierhin zog sie sich zurück, als sie älter wurde und ihr der viele Trubel um ihren Mann zu viel wurde. Sie richtete es nach ihrem Geschmack ein, und Dalí durfte sie angeblich nur mit Einladung besuchen. So konnte Gala ungestört ihre Geliebten empfangen. Zum Beispiel den Hauptdarsteller des damals so populären Musicals Jesus Christ Superstar, Jeff Fenholt. Gala selbst war da schon über 70 Jahre alt, doch angeblich liebte sie ihn sehr und überschüttete ihn mit Geschenken. Eigens für ihn schaffte sie einen Flügel an, der im »Sal de Piano« steht.

Die Kleider von Gala hängen im ersten Geschoss des Schlosses in einem dunklen Raum und sind gekonnt ausgeleuchtet. Hochgeschlossene lange Roben, die vergegenwärtigen, wie diese Frau, die so viele Männer in ihren Bann zog, durch ihre Gemächer lief. Dabei ist Schloss Púbol ein unauffälliges Gebäude, und die Räume sind eher schlicht und dezent eingerichtet. Galá hatte Dalí bewusst untersagt, ihr bei der Ausstattung zu helfen. Sie befürchtete, dass er die Flohmärkte und Trödler leer kaufen würde, weil er immer wieder neue Objekte, die ihm gefielen, entdeckte. Nur wenige exzentrische Details wie Wagnerköpfe, goldene Wasserhähne oder der Cadillac im Hof zieren das Schloss.

Im Keller befindet sich das Grab Galas. Es war ihr Wunsch, hier begraben zu werden, und Dalí chauffierte den Sarg selbst im Cadillac, der jetzt im Innenhof des Schlosses steht, von Portlligat hierher und lebte bis zu seinem Tode in Púbol.

Adresse Schloss Púbol, Plaça Gala Dalí, 17120 Púbol | **Anfahrt** Von der C-66 aus Palafrugell Richtung La Bisbal, Corca und dann Púbol; das Schloss ist ausgeschildert. | **Öffnungszeiten** 15. Juni–15. Sept. Di–So 10–20 Uhr; 2. Nov.–31. Dez. Di–So 10–17 Uhr; Rest des Jahres Di–So 10–18 Uhr | **Tipp** Um und in La Bisbal d'Empordà gibt es viele Antiquitätenläden. Richtung Palamós befindet sich »Antiguitats Lluis Coll« (links) mit 10.000 Quadratmeter Ausstellungsfläche drinnen und draußen.

81 — Die Wiege Kataloniens
Ripoll und Wilfried der Haarige

Wilfried der Haarige war der letzte Graf von Barcelona, der noch von den Franken eingesetzt wurde. Nach ihm wurde der Adelstitel weitervererbt, und die fränkischen Könige stimmten der Übertragung nur noch zu. Gleichzeitig wurden unter seiner Herrschaft mehrere Regionen des heutigen Kataloniens vereint. In Ripoll, einem Städtchen, das inzwischen an die 11.000 Bewohner hat, gründete er das Kloster Santa Maria de Ripoll. Es wuchs beständig und hatte ein bedeutendes Scriptorium, in dem mit vielen Bebilderungen versehene Abschriften der Bibel entstanden. Bis ins 15. Jahrhundert hinein lag hier das kulturelle Zentrum der Region. Es gibt mehrere Gründe, weshalb das Kloster und der Ort selbst häufig als Wiege Kataloniens angesehen werden.

Der Name Wilfried des Haarigen hatte nicht etwa zu bedeuten, dass der Mann übermäßig behaart war. Sein Lehnsherr war Karl der Kahle, und deshalb sollte Wilfried mit einem bewussten gegensätzlichen Merkmal bedacht werden. Spannend ist die Legende über Wilfried, die zur Entstehung der katalanischen Fahne überliefert ist: In einem Kampf verwundet, wurde er von Karl dem Kahlen an seinem Lager besucht. Der tauchte seine Hände in das Blut des Verletzten und strich ihm damit über das goldene Schild, das bisher noch kein Wappen trug. So entstand die Senyera, die katalanische Flagge (gelber Untergrund mit roten Streifen), die heute wieder aus vielen Fenstern flattert. Unter der Diktatur Primo de Riveras und während des Franco-Regimes war die Senyera verboten, heute wird sie voller Stolz gezeigt.

In der Kirche Santa Maria kann man den steinernen Sarg besichtigen, in dem sich die Überreste Wilfrieds befinden. Außerdem gibt es eine katalanische Flagge, die von den bekannten Modernisme-Vertretern Puig i Cadafalch und Emili Cabanyes gestaltet wurde, zu sehen. Die Kirche wurde Ende des 19. Jahrhundert renoviert, nur der schöne Kreuzgang ist noch im Original erhalten.

Adresse Monestir de Santa Maria de Ripoll, 17500 Ripoll | **Anfahrt** Nach Ripoll führt die C-17 von Vic oder die N-260 von Besalú über Olot. Die Straße N-260 führt direkt zu Kloster und Hauptplatz des Ortes. | **Öffnungszeiten** Okt.–März 10–13 und 15–18 Uhr; April–Sept. 10–13 und 15–19 Uhr | **Tipp** Unbedingt noch einen Stopp in Sant Joan de les Abadesses machen (N-260 Richtung Camprodon) und das Kloster und die alte Brücke ansehen.

82 — Die Büste von Mercè Rodoreda

Kataloniens bekannteste Schriftstellerin

Ein kleiner Ort in den Bergen. »De la Selva«, das bedeutet so viel wie »in der Wildnis«. Und das passt auch heute noch hierher, obwohl es in Romanyà de la Selva schöne Häuser gibt und darüber hinaus zwei sehr gute Lokale; eines davon sogar erwähnt im Guide Michelin. Dennoch lebt es sich hier sehr zurückgezogen, und ohne Auto wäre es noch nicht einmal möglich, sich zu verpflegen, denn es gibt nicht einen einzigen Lebensmittelladen im Dorf. Die Umgebung ist dafür ohne Frage herrlich: üppige Vegetation und Wälder mit vielen Kastanien und Eichen.

Diese Abgeschiedenheit hält nicht jeder aus. Mercè Rodoreda hat sie ausgehalten, hat sie sogar gesucht. Sie fand das Dorf »sensationell, die einzelnen Häuser ausreichend voneinander entfernt und mit weiten Blicken auf das Meer und die weißen Spitzen der Pyrenäen«. Die Schriftstellerin wohnte hier von 1972 an, nachdem sie aus ihrem Exil in Frankreich und der Schweiz zurückgekehrt war. Die Stadt Barcelona, in der sie in ihren frühen Jahren gelebt hatte, gefiel ihr nicht mehr. In Romanyà de la Selva schrieb sie mehrere Bücher, unter anderem »Der Tod und der Frühling« und im Jahr 1980 »Weil Krieg ist«.

Ihr berühmtestes Buch ist wohl »Auf der Plaça del Diamant«, das in über 30 Sprachen übersetzt wurde und von dem Gabriel García Márquez einst sagte: »Ich weiß nicht, wie oft ich den Roman wiedergelesen habe, und einige Male mühselig auf Katalanisch, was viel über meine Verehrung aussagt.« Mercè Rodoreda starb 1983 in Girona, da war sie 74 Jahre alt. Begraben wurde sie auf dem Friedhof in Romanyà de la Selva, so wie sie es sich gewünscht hatte. Im Ort wurde im Juni 2014 zur Erinnerung an sie eine Büste aufgestellt.

Wenige Schritte entfernt davon, auf dem Hügel am Ortsausgang, steht ein sensationelles Kreuz im Stil des Modernisme.

Adresse Restaurante El Refugi, Urb. Romanyà de la Selva, Carrer Mercè Rodoreda, 17240 Santa Cristina d'Aro, Tel. +34 972/833060 (Die Büste liegt an der Plaça de l'església. Von hier werden auch Führungen auf den Spuren der Schriftstellerin durchgeführt.) | **Anfahrt** Von der C-65 Richtung Santa Cristina d'Aro und dann weiter über die GIV-6613. | **Öffnungszeiten** Restaurant: täglich 13–16 und 19–23 Uhr | **Tipp** Rund um Romanyà de la Selva gibt es einige Dolmen (alte Steingräber, die hier vor mehr als 2.000 Jahren errichtet wurden), darunter die »Cova d'en Daina«.

83 Coll de Roses
Multimediale Weinlektion

Bereits seit dem 17. Jahrhundert produziert die Familie Coll Weine – inzwischen in der 13. Generation. Ihr Weingut »Coll de Roses« befindet sich im Empordà, an der Straße von Cadaqués, an der ersten Abfahrt links Richtung Roses. Es handelt sich um ein stilvolles altes Gebäude inmitten von Weinreben. 35 Hektar Land werden jedes Jahr bearbeitet und abgeerntet, nicht nur Wein, sondern auch Weizen und Oliven. Zu der Anlage gehört neben einer modern eingerichteten Halle, in der die Weine verköstigt und gekauft werden können, ein multimediales Weinmuseum.

Dieses ist absolut sehenswert für Jung und Alt, denn hier wird der Besucher in die Welt des Weines eingeführt: Mit wechselnder Beleuchtung und auf diversen Bildschirmen wird die Produktion erklärt. Nach Betreten des Museums schließt sich die Tür, und es wird dunkel. Dann läuft der erste Film ab, und die erforderlichen Geräte werden beleuchtet. So wird der Besucher von Raum zu Raum geführt, von Gegenstand zu Gegenstand. Ein wenig wie in einer Geisterbahn, denn es ist nicht immer vorhersehbar, was als Nächstes erscheint. Die Aufmerksamkeit wird auf die Geschichte und Produktionsvorgänge der Weinherstellung gelenkt, ohne eine Möglichkeit, zu entkommen, und verständlich für jedes Alter. Es ist eine gekonnte Verbindung von alt und modern, ein Führen der Sinne mit neuen Methoden. Der Besucher riecht die alten Fässer und manchmal scheinbar auch den Wein. Er sieht Weinreben und Abfüllmaschinen, Weinernten und Lagerhallen.

Am Ende gelangt man zur Weingustation und in den dazugehörigen Laden. Lange weiße Regale, eine schicke Bar, dezente Einrichtungsgegenstände in Weiß und Erdtönen. Dieses Weingut ist innovativ und außergewöhnlich. Die Weine werden im Fachjargon als fein und elegant beschrieben. Das führen die Winzer auf den Boden der Region zurück: Der Schiefer führt zu einer höheren Konzentration des Aromas. Und das Gleiche gilt für das Gut.

Adresse Coll de Roses, Carretera de les Arenes, 17480 Roses, Tel. +34 972/256465, www.vinscollderoses.com | **Anfahrt** Von der GI-614 Richtung Cadaqués rechts in die Coll de Roses, dann liegt das Gut auf der rechten Seite. Oder von Roses stadtauswärts Richtung Cadaqués. | **Öffnungszeiten** 16. Sept.–14. Juni Mo–So 10–18 Uhr; 15. Juni–15. Sept. 11–21 Uhr; ohne Anmeldung | **Tipp** Das Weingut Espelt liegt zwischen Pau und Vilajuiga. Hier können in der Bodega Weine probiert und gekauft werden. Das Gut hat 100 Flaschen Wein in der Bucht Cala Joncols versenkt und wird in Zukunft auch diesen Wein anbieten (www.cellerespelt.com).

84_ Das El Bulli
Sterneküche an der Bucht Montjoi

Es gibt zwei Wege in die Bucht Montjoi: einen Schotterweg, der von Roses kommend hoch über der Küste verläuft, ein wenig abenteuerlich ist und herrliche Ausblicke beschert, und eine Straße, die von Roses Richtung Cadaqués zur Bucht führt. Beide Wege enden am ehemaligen Sternelokal El Bulli. In der beschaulichen Bucht kommt eigentlich nur ein Gebäude dafür in Frage, denn es gibt sonst nur noch ein allmählich verfallendes Haus hier und eine Feriensiedlung direkt am Strand. Warum diese hier zugelassen wurde, ist absolut rätselhaft.

Doch El Bulli ist bis heute weltweit bekannt: Hier wurden jahrelang von Ferran Adrià, dem wohl bekanntesten Koch der Molekularküche und dem einflussreichsten der letzten Jahre, raffinierte Gerichte zubereitet. Das Lokal war über Jahre ausgebucht. Zwei Millionen Anfragen in jeder Saison – für ein Lokal mit 50 Plätzen und einer Saison von sechs Monaten unglaublich, denn Ferrran Adrià hätte höchstens 36.000 Gäste verwöhnen können. Ende Juli 2011 beendete der spanische Spitzenkoch dann diese Erfolgsgeschichte. Der Andrang auf das Lokal war ihm zu viel, und er entschloss sich, endgültig zu schließen. Nun plant er eine Stiftung, in der Köche und Gastronomen neue Produkte und Konzepte entwickeln können. Sie soll den Namen »El Bulli 1864« tragen, denn von 1987 bis 2011 wurden hier 1864 Gerichte serviert.

Die Stiftung sollte eigentlich bereits 2014 ihre Arbeit aufnehmen … Bisher sieht es nicht so aus, als würde in absehbarer Zeit mit dem Umbau begonnen: Es ist leer und still hier, die Fenster sind verschlossen, Schutt liegt im Innenhof. Die katalanischen Behörden müssen den Plänen des weltberühmten Koches noch zustimmen. Doch der 51-jährige Katalane hat die Zeit genutzt und eine siebenbändige Enzyklopädie herausgebracht, in der selbst die Schließung des Lokals dokumentiert wird und seine Gerichte aus dem El Bulli präsentiert werden.

Adresse Cala Montjoi, Ctra. De la Roca, 17480 Roses | **Anfahrt** Von Roses über die Ctra. Montjoi führt der Weg direkt oberhalb der Küste entlang. Oder über die GI-614 von Roses Richtung Cadaqués und dann rechts abbiegen und der Beschilderung folgen. | **Tipp** Gar nicht weit vom El Bulli entfernt kocht in Cadaqués ein ehemaliger Lehrling von Ferran Adrià in der Bar Boia Nit direkt am Strand: Manel Vehi.

85 _ Die Hängebrücke
Nur begrenzt tragfähig

Rupit ist ein Dorf im Hinterland der Costa Brava. Am Rande des Naturparks Garrotxa gelegen, gehört es zur Region Collsacabra, zum Landkreis Osana. Der Weg dorthin ist ein wenig mühsam, dafür aber umso schöner. Durch Wälder und Wiesen, an Hügeln und an Vulkanbergen vorbei, schlängelt und kurvt sich der Weg. Der Ort verdankt seinen Namen dem lateinischen Wort für Felsen, »Rupes«, von denen hier einige zu sehen sind. Rupit ist beliebt wegen seiner einsamen Lage, den alten Steinhäusern, dem Fluss Riera de Rupit und dem Sallent-Wasserfall, der eine circa 20-minütige Wanderung vom Dorf entfernt vom Cinglera-Felsen mehr als 100 Meter in die Tiefe stürzt. Es gibt schöne Spazierwege entlang des Flusses, der in den Susqueda-Stausee mündet – mit Brunnen und Mühlen.

Doch ebenso spektakulär und nahezu einzigartig ist die Hängebrücke, die in den Ort führt. Sie überquert in einer Höhe von circa zehn Metern den Fluss und ist auch nur für eine gewisse Anzahl von Menschen gleichzeitig zugänglich. Mehr als zehn Personen sollten die Brücke nicht gleichzeitig betreten, denn sonst könnten sie in die Tiefe stürzen. Fast alle Besucher von Rupit müssen über die Hängebrücke, denn der Ort darf von ihnen nicht befahren werden. Die Fahrzeuge der Gäste werden vor dem Ort auf einem großen Parkplatz abgestellt. Wenn die Brücke auch nicht extrem hoch ist, so ist sie doch sehr beweglich und wackelig und wird gern zum Schwingen gebracht.

Errichtet wurde sie 1945. Die Schmiede Francesc und Pere Rovira waren daran beteiligt, ebenso der Maurer Santi Villa und der Wirt Joaquim Marsal. Letzterer hatte sicherlich ein ganz eigenes Interesse daran, denn die von ihm 1930 eröffnete Gastwirtschaft Fonda Marsal liegt direkt neben der Brücke. Da wird der eine oder andere Gast schwankend hinübergewankt sein. Auf jeden Fall gelang es den Erbauern, endlich einen direkten Zugang zum Ort zu schaffen.

Adresse Pont Penjat, 08569 Rupit | Anfahrt Über die C-153 von Vic oder Olot kommend führt die Straße BV-5208 nach Rupit. Vom Parkplatz aus führt die Straße Sant Joan de Fabregues zur Hängebrücke »Pont Penjat«. | Tipp Einen Ausflug nach Rupit am besten mit Tavertet (circa acht Kilometer entfernt) verbinden. Dann lohnt sich die Anfahrt doppelt!

86 — Das Schwimmbad
Baden mit schöner Aussicht

Vieles ist vorstellbar in einem Dorf in den Bergen im Hinterland der Costa Brava, doch ein öffentliches Schwimmbad ist schon erstaunlich und erwartet hier wohl kein Besucher. Ein Stück oberhalb des Flusses Riera de Rupit, der in der Tiefe zwischen Felsen und Steinen dahinfließt, liegt das Freibad von Rupit. Hier breiten vor allem Kinder und Jugendliche ihre Handtücher aus und haben einen wunderbaren Blick auf das Zentrum des Ortes auf der anderen Seite des Flusses. Die Kirche spiegelt sich am späten Nachmittag im Wasser des größeren Pools. Für Erfrischungen sorgt ein Kiosk, in dem zu essen und zu trinken angeboten wird. Fröhliche Stimmen und munteres Platschen ist hier zu hören, auch wenn die Sonne immer tiefer sinkt. Eine unvergleichliche Kulisse und Stimmung bis in die Abendstunden.

Rupit ist ein kleines Dorf mit nur wenigen ständigen Bewohnern. Hier stehen noch viele sehr schöne Steinhäuser aus dem 16. und 17. Jahrhundert (eines von ihnen ist sogar im »Poble Espanyol« in Barcelona nachgebildet), wodurch sich eine mittelalterlich anmutende Atmosphäre erhalten hat. Einige der Gebäude stehen unter Felsvorsprüngen, sind also beinahe in den Berg hineingebaut. Das sieht beeindruckend aus, und auch die Blicke von den Gärten oder Terrassen aus sind umwerfend. Sattes Grün und die hügelige Landschaft laden dazu ein, einfach zu genießen und in die Ferne zu schauen. Im Ort sind einige Restaurants und Kramläden zu finden, und gute Wurst gibt es auch zu kaufen!

Über die C-153 von Olot oder Vic kommend führt nur eine einzige Straße weiter in den Ort beziehungsweise auf den großen Parkplatz, denn in den Ortskern dürfen nur die Einheimischen fahren. Hier stehen Schilder mit Hinweisen auf Wanderwege, die in verschiedene Richtungen führen. Rupit ist ein Dorf, das sehr gern am Wochenende von Tagesausflüglern besucht wird. Deshalb empfiehlt es sich, während der Woche hinzufahren.

Adresse Piscina Municipal de Rupit, Sant Joan de Fabregues, 1, 08569 Rupit | **Anfahrt** Über die C-153 von Vic oder Olot kommend führt die Straße BV-5208 nach Rupit. Das Schwimmbad befindet sich auf dem Weg vom Parkplatz ins Zentrum linker Hand. | **Öffnungszeiten** während der Sommermonate (Ende Juni bis Ende August) 11–19 Uhr, Infos unter Tel. +34 938522003, www.rupitpruit.cat oder rupit@diba.cat | **Tipp** Oix und Beget sind zwei weitere kleine Bergdörfer in der Garrotxa Richtung Pyrenäen (GIV-5221 von der A-26 zwischen Besalú und Olot) mit einer wunderbaren Landschaft drumherum.

87 — Die Badehäuser
Klein aber fein

S'Agaró ist eine kleine Gemeinde an der Costa Brava, direkt neben Sant Feliu de Guíxols gelegen. Der Ort ist durchaus für den Fremdenverkehr erschlossen und das auch nicht erst seit Kurzem. Dennoch hebt er sich angenehm von den übrigen touristischen Zentren an der Küste ab. Nur wenige Meter von der Ortsmitte entfernt liegt der Sandstrand Platja Sant Pol, an dem sich während der Sommermonate das Leben abspielt. Unübersehbar gibt es einige Besonderheiten entlang der Strandpromenade: Von Sant Feliu kommend liegen gleich am Ortseingang zwei außerordentliche Gebäude aus der Zeit des spanischen Modernisme (Jugendstil), die den Gesamteindruck prägen.

Circa 100 Meter weiter auf der Strandseite gelegen, folgen die »Banys de S'Agaró« mit ihren bunten Badehäusern. Dieses Strandbad wurde 1919 erstmalig eröffnet. Das dazugehörige Gebäude mit Restaurant brannte im Jahr 1935 aus, und Francesce Folguera – ein Vertreter des katalanischen Jugendstils – plante das heutige Lokal. Ein Jahr später, am 19. Juli 1936, wurde die »Taverna del Mar« eröffnet. Das Restaurant ist ganzjährig geöffnet und für seine gute, gehobene und nicht besonders günstige Küche bekannt.

Am Strandende liegen das Luxus-Hotel »La Gavina« und die Gartenstadt S'Agaró (siehe Seite 184). Vielleicht ist diese exklusive Gartenstadt mit ihren mondänen Villen der Grund, dass sich der Ort noch nicht dem Massentourismus angepasst hat. Hier leben viele wohlhabende Nord- und Mitteleuropäer. Nicht zuletzt wird dies sichtbar an der Vielzahl der Villen mit Swimmingpool in einer ansonsten doch recht trockenen Region. Die Besiedlung dehnt sich zwar weiter aus, doch der Charakter des Ortes wurde bisher nicht zerstört. Rund um die Gartenstadt verläuft der Camí de Ronda, ein wunderschöner Weg, der auch an der Küste entlangführt – mit herrlichen Ausblicken, alten Bäumen und hohen Steinmauern entlang der Villen und Gärten.

Adresse La Taverna del Mar, Carretera Sant Feliu a S'Agaró, 17220 S'Agaró, Tel. +34 972/821669 | **Anfahrt** Von Sant Feliu der Küstenstraße Richtung Platja d'Aro folgen. Über die Carretera Sant Feliu und dann Avenida S'Agaró liegen rechts die Badehäuser und das Lokal. | **Öffnungszeiten** täglich Juni–Sept. 13–16 und 20–23 Uhr; Feb.–März und Nov. Do–So; April und Okt. Do–Mo; Mai Di–So, www.latavernadelmar.cat | **Tipp** Platja d'Aro ist das krasse Gegenteil zu S'Agaró – eine absolute Touristenhochburg, die weiträumig umfahren werden sollte, es sei denn, Shopping und Unterhaltung ist gewünscht.

88 Die Gartenstadt
Schönheit und Beständigkeit

Einzigartig ist die Gartenstadt S'Agaró, die sich zwischen Sant Feliu de Guíxols und dem Touristenort Platja d'Aro befindet; ihre Lage, die Größe, der Luxus, der Charme und die Beständigkeit. Geplant und angelegt wurden die Häuser, Grundstücke, Straßen und Gärten Anfang des 20. Jahrhunderts – eine Art Pilotprojekt des Luxustourismus. Zu dieser Zeit war die Costa Brava noch ein unentdecktes Urlaubsziel. Lediglich die wohlhabenden Familien konnten sich Ferien überhaupt leisten.

Josep Ensea Gubert, der Sohn eines reichen Industriellen aus Girona, überredete seinen Vater, das Land zwischen der Bucht von Sant Pol und dem langen Strand Sa Conca zu kaufen. Der Eigentümer hatte Schulden bei der Familie und musste ihnen das Areal schließlich überschreiben. Rafael Masó wurde 1923 mit der Planung beauftragt und nach dessen Tod 1935 Francesc Folguera. Das Gebiet, das bisher keinen Namen hatte, wurde nach dem Bach Agaro, der hier floss, benannt. Bauherr und Architekt waren sich schnell einig, dass sie ein Paradebeispiel für die nationale Architektur schaffen wollten. 1929 entstanden so das erste Herrenhaus und ein zentraler Platz. Neunzehn weitere Häuser von Masó folgten, eine Kirche, Treppen, Straßenanlagen. Entstanden ist ein Areal, das seinesgleichen sucht.

Umrundet wird die Gartenstadt von einem Küstenweg, überragt wird sie von dem Luxushotel La Gavina. Hier residierten schon Stars wie Elizabeth Taylor, Frank Sinatra, Ava Gardner, Humphrey Bogart und Lauren Bacall, aber auch viele andere Prominente.

Dank Josep Ensesa ist diese Stelle der Costa Brava nicht dem Massentourismus zum Opfer gefallen. Die Gartenstadt ist immer noch im Originalzustand erhalten und hat einen unvergleichlichen Charme. Lediglich ein neues Gebäude, das überhaupt nicht in das Ensemble passt und bei dem offensichtlich die örtlichen Behörden überrumpelt wurden, steht in der Anlage.

Adresse Gartenstadt S'Agaró, Platja Sant Pol, 17248 S'Agaró | **Anfahrt** Von Sant Feliu der Küstenstraße Richtung Platja d'Aro folgen. Über die Carretera Sant Feliu und dann Avenida S'Agaró. Am Ende der Bucht des Badeortes S'Agaró führen Straßen durch und um die Gartenstadt (Carrer Josep Ensea, Carrer Verge Montserrat, Av. Conca). | **Tipp** Das Hotel La Gavina ist zwar exklusiv, doch das Grundstück kann problemlos betreten werden, und es lohnt sich auf jeden Fall, hier etwas zu trinken und einen Blick zur alten Concierge-Loge zu werfen.

SANTA CHRISTINA D'ARO

89 __ La Font Picant
Wo früher Züge ankamen und abfuhren

Auf einmal ist sie da, die alte Bahnstation, auf der Straße von Santa Christina d'Aro nach Romanyà de la Selva. Plötzlich und unerwartet liegt dieses malerische Gebäudeensemble zwischen Feldern und Bäumen. Obwohl viele Radfahrer den Weg kreuzen und einige spanische Familien sich hier zum Mittag verabredet haben, ist es ganz ruhig und friedlich. Entlang des Gebäudes stehen überdachte Tische an der Hauswand, und im Inneren verbirgt sich ein stilvoll eingerichtetes Lokal. Das »La Font Picant« hat eine sehr gute Küche, eine große Terrasse, und vom Frühstück bis zum Abendessen wird alles serviert. Der entscheidende Unterschied zu anderen Restaurants ist, dass zum Kochen ausschließlich Bio-Produkte verwendet werden. Am Wochenende finden wechselnde Livekonzerte statt – vor allem Jazz wird gespielt.

Hier fuhr einst die alte Schmalspurbahn, deren Strecke von Girona unter anderem über Font-Picant und Santa Christina d'Aro nach Sant Feliu de Guíxols führte. Ebenso verläuft hier eine Route der Vías Verdes. Diese grünen Wege sind Rad- und Wanderwege auf stillgelegten Bahnstrecken, wie Font-Picant. Inzwischen ist ein Fünftel der 7.000 Kilometer stillgelegten Bahnstrecken in Spanien als Naturwege ausgewiesen. (Die Führer dazu heißen Guía de Vías Verdes und Guía de los Caminos Naturales).

Außergewöhnlich an diesen Wegen sind die auffallend vielen Tunnel – auch hier, direkt vor der Bahnstation Font-Picant, beginnt einer. Viele Radfahrer legen hier eine Rast ein, denn das Restaurant hat eine Karte für den kleinen und den großen Hunger. Es sind aber auch einige Besucher direkt hergekommen. Längst hat sich das »La Font Picant« als beliebtes Ausflugsziel etabliert und wird gern von Familien besucht. Schräg gegenüber befindet sich ein weiteres altes Gebäude, das noch Spuren der Vergangenheit trägt und durch einen langsam verblassenden Schriftzug auf die Salenys-Quellen hinweist.

Adresse La Font Picant, Vía Verde – Ctra. de Romanyà, 17246 Santa Cristina d'Aro, www.lafontpicant.cat | **Anfahrt** Von der C-65 Richtung Santa Cristina d'Aro und dann weiter über die GIV-6613 Richtung Romanyà de la Selva (das Font Picant liegt rechts). | **Tipp** Die Route Via Verde verläuft durch den hübschen Ort Sant Feliu de Pallerols in der Garrotxa, der sich für eine Pause auf der Plaça del Firal (mit Vulkanbrunnen) sehr gut eignet.

SANT FELIU DE GUÍXOLS

90__Die alte Schmalspurbahn
Aus dem Bahnhof wurde eine Schule

Seit Jahrzehnten ist die Costa Brava ein gefragtes Urlaubsziel. Dennoch gibt es in vielen Orten keine Bahnverbindung. Blanes, Girona oder Figueres sind mit dem Zug zu erreichen, doch beliebte und stark frequentierte Küstenorte wie Tossa de Mar, Lloret de Mar, S'Agaró oder Sant Feliu de Guíxols sind immer noch nicht ans Bahnliniennetz angeschlossen. Das war früher anders, und es fuhren mehr Züge an der Küste. Die sogenannten Schmalspurbahnen verkehrten zwischen Sant Feliu und Girona, zwischen Palamós und Flaçà und dann weiter nach Girona.

Die Schmalspurbahn wurde von 1889 bis 1892 durch die Architekten Rafael Coderich und Gabriel March gebaut. Zuerst diente sie vor allem dem Transport von Waren. Doch nachdem das Misstrauen der heimischen Bevölkerung gewichen war und sie sich nicht mehr vor den Geräuschen des kleinen fauchenden Ungetüms fürchtete, wurde es fortan auch zur Personenbeförderung genutzt. Der Schriftsteller Josep Pla verfasste einen Text über die Bahn, der die damalige Sicht auf dieses Fortbewegungsmittel vor Augen führt. Er vergleicht die Wagen mit Streichholzschachteln auf Rädern, gezogen von einer dampfenden Lok. »Was hat man nicht alles über unsere unvergessliche Schmalspurbahn von Flaçà nach Palamós gesagt? Die halbe Menschheit hat sich vor Lachen gebogen. Vom objektivsten Intellektuellen bis hin zum schnodderigsten Reisenden hat sich jeder veranlasst gesehen, beim Einsteigen in diesen Zug mit entzückender Spontaneität seinen eigenen Senf hinzuzugeben. Die Kleinheit von Lokomotiven und Wagen wurde nur allzu oft mit der Größe von mikrobiellen Organismen verglichen.«

Sant Feliu profitierte besonders von der Schmalspurbahn und wuchs zu einem bedeutenden Ort heran. Hier steht auch heute noch der alte Bahnhof, in dem sich inzwischen eine Schule befindet. Die Züge wendeten auf einer Drehscheibe und fuhren dann wieder Richtung Santa Cristina.

Adresse Colegio Público L'Estacio, Carrer de Santa Teresa, 49, 17220 Sant Feliu de Guixols | **Anfahrt** Von der C-65 Richtung Zentrum bis zur Strandpromenade fahren und Richtung Norden folgen. Am Ende links in die Ctra. de Palamós, die zweite Straße links führt direkt zum Gebäude des alten Bahnhofs. | **Tipp** Die alte Trasse zwischen Sant Feliu und Girona wurde als Grüner Weg für Fahrradfahrer ausgebaut. Unter www.viesverdes.cat gibt es alle Infos und Strecken der alten Schmalspurbahn.

SANT FELIU DE GUÍXOLS

91 Die Casinos
Miteinander und nicht gegeneinander

Es gibt sie noch: die feinen Unterschiede zwischen den Ländern Europas. Offensichtlich wird das in Spanien zum Beispiel an den Casinos. An der Costa Brava sind dies auffällige, großzügige und zentrale Bauten, die in vielen Orten zu finden sind. Daran erkennt man die Bedeutung, die ihnen hier zukommt. Denn bei den Casinos handelt es sich nicht um Spielhallen, sondern um soziale Treffpunkte. Es geht um das Zusammensein, was im Süden Europas noch eine andere Rolle spielt. So entstand der Beiname »Zentrum der Brüderlichkeit«. Besonders gern und häufig gehen Männer und Alte hierher – um zu reden, zu trinken, zu spielen oder einfach beisammen zu sein. Die Casinos haben aber auch Familienzimmer, Ausstellungen, Musik, Tanz oder Internet im Angebot.

Die schönsten Casinos an der Costa Brava befinden sich in Cadaqués, Figueres, Palafrugell und Sant Feliu de Guíxols. Sie entstanden Ende des 19. Jahrhunderts und residieren in herrschaftlichen Gebäuden. Schon von außen sind sie sehenswert, doch manchmal lohnt sich der Blick ins Innere noch viel mehr: Denn dann erst wird die Bedeutung dieser Orte offensichtlich. Hier sitzen sie an vielen kleinen Tischen, trinken, reden und spielen »La Quina«, eine Art Bingo, oder schauen Fußball. Es gibt eine Bar, ein Café, manchmal auch eine Bühne. Eine andere Welt, eine ruhige und entspannte.

In Figueres steht das Casino bereits seit Längerem leer, obwohl es wie frisch gestrichen aussieht. In Sant Feliu de Guíxols sitzen die Männer gern an den Tischen vor der auffälligen gelben Fassade. In Palafrugell befindet es sich im Zentrum an der Plaça Nova 4, im Inneren herrscht reges Treiben; in Olot wird nicht jeder hereingelassen, hier herrscht der Charme der 60er Jahre, das Haus ist kein Casino im ursprünglichen Sinne mehr. In Cadaqués ist das Café im Erdgeschoss gut besucht und ein beliebter Ort zum Frühstücken. Es liegt direkt neben der Strandpromenade und hat viel früher geöffnet, als die meisten anderen Cafés.

Adresse Casino Sant Feliu de Guíxols, Rambla del Portalet, 1, 17220 Sant Feliu de Guíxols (außerdem: Casino Palafrugell, Cadaqués, Figueres, Olot) | **Anfahrt** Von der C-65 Richtung Zentrum bis zur Strandpromenade. Das Casino liegt auf der linken Seite. | **Öffnungszeiten** täglich 8–24 Uhr | **Tipp** Ein ganz anderer Platz zum Kommunizieren der Frauen waren die früheren Waschplätze in den Orten. Torroella de Montgrí hat zum Beispiel einen »Safareig« von 1929 (gegenüber der Touristeninformation).

SANT FELIU DE GUÍXOLS

92 Die Einsiedelei Sant Elm
Als die Costa Brava ihren Namen bekam

Ein Stück oberhalb des Städtchens Sant Feliu de Guixóls befindet sich ein Ort, der für die Costa Brava von besonderer Bedeutung ist. Hier steht die Ermita de Sant Elm auf dem 99 Meter hohen Puig Castellar, und genau an dieser Stelle soll vor mehr als 100 Jahren auch der Journalist und Schriftsteller Ferran Agullo gestanden haben. Am 12. September 1908 bezeichnete er den 200 Kilometer langen Küstenabschnitt, der in Portbou beginnt und an der Flussmündung des Tordera bei Blanes endet, in der katalanischen Zeitung »La veu de Catalunya« erstmals mit dem Namen »Costa Brava«. In Erinnerung an diesen Moment wurde hier oben ein Gedenkstein für Agullo, der gebürtig aus Sant Feliu stammte, aufgestellt.

Von hier aus hat man einen sehr schönen Blick über die Küste und Felsen, die aus dem Meer herausragen, Pinien, Akazien und wilde Kräuter leuchten im gleißenden Sonnenlicht.

Ebenfalls von Sant Feliu de Guixóls aus, an einer Abzweigung nahe der Porta Ferrada, startet die kurvenreiche Küstenstraße GI-682. Auf der 22 Kilometer langen Strecke bieten sich viele tolle Ausblicke auf das Meer und die zerklüftete Küste. Immer wieder gibt es Haltemöglichkeiten, von denen aus man die Sicht in Ruhe genießen oder auch fotografieren kann. Während der Hochsaison ist es ratsam, diese Tour früh am Morgen zu machen, denn die atemberaubende Panoramastrecke ist längst kein Geheimnis mehr. Es gibt Buchten, die von der Straße aus zu erreichen sind, in andere gelangt man nur vom Wasser aus. Die 200 Meter lange Cala del Senyor Ramòn, die sich ungefähr auf halber Strecke befindet, ist eine besonders schöne Bucht mit goldgelbem groben Sand; hier wird sogar das Nacktbaden geduldet.

Die Costa Brava erfreut sich übrigens nach wie vor großer Beliebtheit. In den letzten Jahren sind die Besucherzahlen zur Freude des krisengeschüttelten Spaniens noch mal gestiegen. Das liegt mit Sicherheit auch an der wilden und unverbauten Küste.

Adresse Ermita Sant Elm, 17220 Sant Feliu de Guíxols | **Anfahrt** GI-682 von Sant Feliu de Guíxol nach Tossa de Mar; Ermita Sant Elm ist ausgeschildert; Cala del Senyor Ramón: bei Kilometer 35 führt ein steiler Weg zu einem kostenpflichtigen Parkplatz. | **Tipp** In der Nähe von Figueres, auf dem Land, gibt es die Einsiedelei »Ermita Santa Llucia« von 1648, die Zimmer vermietet.

SANT FELIU DE GUÍXOLS

93__Das erste Ayurveda-Hotel
Die besten Zeiten sind vorbei

Am äußersten Ende von San Feliu de Guíxols, in Richtung San Elm, wo der Name »Costa Brava« entstanden ist, führt die Straße ein wenig aufwärts. Vorbei an einer alten Diskothek erreicht man ein Gebäude, das vielleicht seine besten Zeiten hinter sich hat, aber dennoch bis heute äußerst beliebt und interessant ist: das Hotel Eden Roc. Ein in die Jahre gekommenes Haus, groß, lebendig, ein wenig schrubbelig und mit dem Charme der 1970er und 1980er Jahre. Es liegt auf dem Felsen Port Salvi (»rettender Hafen« auf Katalanisch) und ist eingebettet in einen Garten mit alten Bäumen und subtropischen Blumen. Die Küche ist trotz der Größe des Hotels gut und wird von einer engagierten Köchin geleitet.

Es ist kein schönes oder schickes Hotel und trotzdem einen Besuch wert: Die meisten Zimmer haben einen atemberaubenden Blick auf die Klippen und das Meer (es lohnt sich, weil die anderen Zimmer zum Teil zum Parkplatz gehen), denn das Gebäude ist in den Felsen gebaut.

Außerdem ist es das erste Ayurveda-Resort Europas und gehört zu den besten auf diesem Gebiet. Die Ölmischungen, die mit ausschlaggebend bei der Behandlung sind, werden aus besonders hochwertigen Ölen gewonnen und mit frischen Kräutern aufgekocht. Unter der Leitung eines indischen Arztes wird hier Ayurveda praktiziert.

Die gesamte Hotelanlage liegt direkt auf einer Felsenbucht, die Besucher können im Meer baden oder in einem der drei Pools. Neben Ayurveda finden hier Kongresse und Feiern statt. Viele Gäste kommen aber auch zum Fastenwandern, was durch die zahlreichen unvergleichlich schönen Wanderwege, die von hier aus zu erreichen sind, reizvoll wird. Der Küstenabschnitt bis Tossa de Mar ist einer der landschaftlich schönsten, und in Richtung Palamós gibt es viele wunderbare Buchten und Pfade am Meer.

Adresse Hotel Eden Roc, Punta de Port Salvi, 17220 Sant Feliu de Guíxols, Tel. +34 972/320100, www.caproig.com | **Anfahrt** Von der C-65 Richtung Zentrum links halten; Ctra. de Girona, Ronda de Ponent folgen bis zur Carrer Callalo, am zweiten Kreisverkehr rechts bis zum Ende. | **Tipp** Das Fastenwandern rund um das Hotel Eden Roc wird von einem deutschen Reiseleiter durchgeführt. Die Wanderungen führen entlang vieler Buchten um Sant Feliu.

94 Die Korkeichen
Korkgewinnung an der Küste

Was wäre die Costa Brava ohne ihre Korkeichen? Die Küsten wären karger und kaum geschützt, das Hinterland hätte weniger Wälder und wäre längst nicht so grün. Viele Orte hätten es nicht zu Wohlstand und Ansehen gebracht, und mit Sicherheit wäre die ganze Region in ihrer Entwicklung noch weit hinter anderen zurückgeblieben.

Die Korkeiche hat der Costa Brava einige Vorteile gebracht. Vor allem am Ende des 19. und Anfang des 20. Jahrhunderts hat sie vielen Einwohnern der Gegend zu Unabhängigkeit und Auskommen verholfen. Lange hatten die Bauern und Fischer es schwer, sich und ihre Familien über Wasser zu halten. Da kam mit der einsetzenden Korkproduktion und der Industrialisierung eine große finanzielle Erleichterung. Besonders eindrucksvoll wird diese Entwicklung im Korkmuseum in Palafrugell (siehe Seite 136) dargestellt, doch auch Sant Feliu de Guíxols und Palamós gehörten – vor allem aufgrund ihrer Häfen – zu den Korkzentren. Neben der Fischerei war die Korkindustrie bis zur Mitte des 20. Jahrhunderts der wichtigste Erwerbszweig an der Costa Brava.

Auch heute noch gibt es wunderschöne Korkeichenwälder in der ganzen Region. So zum Beispiel an der landschaftlich spektakulären Strecke zwischen Tossa de Mar und Sant Feliu de Guíxols oder an dem etwas im Hinterland von Sant Feliu gelegenen Weg zum Wackelstein Pedralta (siehe Seite 202) hinauf. Riesige Wälder liegen auch um La Jonquera. Die Bäume sind zu jeder Jahreszeit grün. Es sind Laubbäume, die nur geringe Ansprüche an die Bodenbeschaffenheit stellen und den Winter nicht mögen. Die Korkeiche hat eine dicke, furchige Rinde, einen silbrigen Stamm und grüne Blätter. Häufig sind auch Bäume zu sehen, an denen der Kork bereits geschnitten wurde. Es ist faszinierend, sich die Eichen aus der Nähe anzusehen und die Beschaffenheit des Korks zu fühlen. Jener von der Costa Brava ist besonders widerstandsfähig.

Adresse bei 17700 La Jonquera und im Hinterland von 17220 Sant Feliu de Guíxols sowie an der Küste zwischen Tossa de Mar und Sant Feliu de Guíxols | **Anfahrt** La Jonquera: GI-500, dann auf die GI-501 Richtung Vajol; Sant Feliu de Guíxols: Sant Feliu stadtauswärts Richtung Santa Cristina C-65, dann links in die Ctra. Pedralta und der Ausschilderung zum Wackelstein Pedralta folgen; Küste zwischen Tossa de Mar und Sant Feliu de Guíxols: GI-682 | **Tipp** La Jonquera hat weniger als 100 Einwohner, war aber ein bedeutendes Ziel der republikanischen Flüchtlinge vor den Faschisten, sodass der damalige Bürgermeister den Ort zur Hauptstadt Kataloniens erkor. Ein Denkmal für die Flüchtlinge steht im Ort.

SANT FELIU DE GUÍXOLS

95__Die Laternen
Seenotrettung an der wilden Küste

Wie die meisten Orte an der Costa Brava war auch Sant Feliu de Guíxols, bevor die Korkindustrie und später der Tourismus Einzug hielten, lange Zeit ein Dorf, das vom Fischfang lebte. Viele Merkmale weisen auch heute noch darauf hin. Da ist zum Beispiel das Rettungshaus für Schiffbrüchige – am östlichen Ende der Bucht in einem kleinen Pinienhain gelegen –, von wo aus sich auch schöne Blicke auf die Küste bieten. 1897 wurde es von der Gesellschaft zur Rettung Schiffbrüchiger im Jugendstil errichtet. Seeleute und Fischer, die in Seenot geraten waren, konnten in diesem Gebäude die Dinge, die sie zu retten vermochten, unterbringen. Heute werden hier Geräte ausgestellt, die damit im Zusammenhang stehen, wie zum Beispiel Rettungsboote und Schwimmwesten. Das Haus gehört zum Geschichtsmuseum des Ortes (Museu d'Història de la ciutat).

Und dann gibt es in Sant Feliu des Guíxols noch etwas sehr Hübsches, das vielleicht nicht jedem Besucher auffällt, doch auf keinen Fall unerwähnt bleiben sollte: Es springt nicht direkt ins Auge und ist auch keine Sehenswürdigkeit, doch es ist so nett und niedlich, dass es sich lohnt, die Aufmerksamkeit bei einem Besuch darauf zu lenken. Auf dem Fußgängerweg, der direkt am Strand entlang verläuft, stehen in regelmäßigen Abständen Metallbögen, in denen Laternen hängen. Sie erinnern ein bisschen an Schiffsleuchten. Und über diesen Laternen, ebenfalls aus Metall, ist immer die Silhouette eines Bootes zu sehen. Genauer gesagt handelt es sich dabei um ein Segelboot, in dem zwei Figuren mit Kopfbedeckung zu erkennen sind. Sie sehen aus, als würden sie sich in das Boot geradezu hineinducken, so, als müssten sie sich zum Schutz vor einem Sturm hinter dem Segel verstecken. Diese Szenerie gibt es hier am Uferweg von Sant Feliu gleich viele Male hintereinander zu entdecken! Bleibt zu hoffen, dass diese Boote unversehrt zurückgekehrt sind.

Adresse Museu del Salvamento Marítimo, Pujada Guíxols, 17220 Sant Feliu de Guíxols, Tel. +34 972/821575, museuhistoria@guixols.cat | **Anfahrt** Von der C-65 Richtung Zentrum bis zur Strandpromenade und der Straße bis zum Ende der Bucht (Hafen) folgen. | **Öffnungszeiten** im Sommer Di–Sa 10–13 und 17–20 Uhr; So und Feiertage 10–13 Uhr; im Winter Di–Sa 10–13 und 17–20 Uhr | **Tipp** Die Straßenlaternen in der Gartenstadt S'Agaró sind bald 100 Jahre alt und wunderbare Beispiele für den spanischen Jugendstil »Modernisme«.

96 Die museumsreifen Deckel

Die Welt der Placomusopholie

Wer kommt schon auf die Idee, Deckel von Cava-Flaschen zu sammeln? Und sie dann noch in einem eigens dafür angelegten Museum auszustellen? – Diese noch wenig bekannte Sammelleidenschaft gibt es schon seit mehr als 100 Jahren, und in Sant Feliu de Guíxols wurde ihr ein eigenes Museum gewidmet.

Das »Museu de Plaques de Cava i Champagne« beschäftigt sich mit den Deckeln von Cava- und Champagnerkorken. Hier ist ein Mikrokosmos entstanden, der vielleicht einzigartig ist. Dass es in dem Museum auch einen Raum gibt, der als Tauschbörse für Sammler ausstaffiert wurde, ist weitgehend unbekannt und äußerst selten.

In den ersten Raum kann jeder, ohne Eintritt zahlen zu müssen. Hier kann Cava und Champagner gekauft und probiert werden. Außerdem sind Deckel und andere Produkte für die Sammler im Angebot. Anschließend können sich hier die Tauschwilligen niederlassen, oder man studiert die Bücher der Museumsbibliothek, um so über die interessantesten Details dieser Sammlerleidenschaft informiert zu sein. Dann erst gelangen die Besucher in den eigentlichen Ausstellungssaal, in dem ihnen die Welt der »Plaque« eröffnet wird. In Vitrinen befinden sich Deckel aus Spanien und Frankreich, aber auch aus anderen Ländern, in denen Sekt und Champagner hergestellt wird. Es sind zum Beispiel kuriose Deckel aus China, Zimbabwe oder Venezuela zu sehen. Die Palette umfasst alte Deckel ebenso wie neue. Mit »Deckel« sind hier die kleinen bedruckten Metallblättchen gemeint, die sich zwischen Korken und Drahtkorb befinden, den Korken in Form halten und letztendlich der Werbeträger für den Hersteller sind. Im Jahr 1906 wurde zum ersten Mal eine Champagnerflasche mit so einem beschrifteten Deckel verziert. Für diese Sammelleidenschaft gibt es einen Fachausdruck: Placomusophilie nennt sich das Gebiet, das sich bereits einer großen Fangemeinde erfreut.

Adresse Museu de Plaques de Cava i Champagne, Carrer de la Indústria, 1, 17220 Sant Feliu de Guíxols, www.museuplaques.com | **Anfahrt** Von der C-65 Richtung Zentrum bis zur Strandpromenade und der Straße bis zum zweiten Kreisverkehr folgen und links in die Ctra. de Palamós. Das Museum liegt an der nächsten Ecke links. | **Öffnungszeiten** Di–Fr 10–13.30 und 16–20 Uhr, Sa 10–14 und 16–20 Uhr | **Tipp** Im Museum Trias, Ctra. Sils, 36, 17430 Santa Coloma, geht es um andere Feinkost: Hier wird die Entwicklung der Keksherstellung gezeigt – neben dem heutigen Fabrikgebäude (www.triasbiscuits.com).

SANT FELIU DE GUÍXOLS

97_Der Wackelstein
Ein ungewöhnliches Naturdenkmal

Von Sant Feliu de Guíxols aus führt eine Straße zu diesem kuriosen Stein, der die Regeln der Schwerkraft zu ignorieren scheint.

Je weiter man den Schlängellinien der Straße nach oben folgt, umso schöner wird die Vegetation. Zahlreiche Stein-Korkeichen stehen hier, deren Rinde zum Teil schon geschält ist und das dunkelbraune Holz freilässt. Selbst während der Saison verirren sich nicht besonders viele Leute hierher. Dabei führt die Straße direkt zum zweitgrößten Wackelstein Europas! Noch nie von so etwas gehört? In Bayern gibt es angeblich den größten!

Der Stein Pedralta befindet sich auf mehreren übereinanderliegenden kleinen Felsen und bildet mit ihnen so eine Art Turm. Er misst circa 2,5 Meter in der Breite, vier Meter in der Länge und ist 3,5 Meter hoch. Sein Gewicht beträgt immerhin 80 Tonnen. Es sieht aus, als könnte er jeden Moment nach vorne kippen und in die Tiefe stürzen. Vor beinahe 20 Jahren ist das auch schon einmal passiert. Wie, weiß eigentlich keiner so genau; man verdächtigte einen Betrunkenen. Anschließend wurde lange diskutiert, ob es überhaupt Sinn mache, den Stein wieder aufzurichten. Immerhin waren die Kosten dafür nicht unerheblich. Am Ende entschied man sich aber doch dafür. Nur die vorher vorhandene Wippfähigkeit des Naturdenkmals fiel der Aktion zum Opfer, denn der Stein wurde ein wenig mit Zement befestigt – aber nur so, dass es keiner sehen kann und man immer noch wartet, dass er kippt.

Doch nicht nur der Wackelstein sollte hier oben gebührend bewundert werden, es lohnt sich auch, dem Weg noch ein Stück weiter zu folgen. Vorbei an der kleinen Kapelle und dem Wegweiser »Mirador« führt der Pfad nach oben zu den Elektromasten hinauf. Eigentlich nicht verlockend, doch erstaunlicherweise ist gerade von dort die Sicht umwerfend: Es bietet sich ein herrlicher Rundblick über die Küste und die hügeligen Felder und Wälder der gesamten Umgebung.

Adresse Pedralta, 17220 Sant Feliu de Guíxols (Hinterland) | **Anfahrt** Auf der C-65 von Girona nach Sant Feliu de Guíxols fahren, über die Ctra. Girona und dann rechts in die Straße Ctra. Pedralta in Richtung »La Pedralta«. | **Tipp** Um Abenteuer in Bäumen zu erleben, wurde in Sant Feliu ein Kletterpark mit Brücken, Lianen, Tarzansprüngen und vielem mehr eingerichtet (www.agirones.com).

SANT MARTÍ D'EMPURIÉS

98_Das Dorf mit Ausblick
Eine Offenbarung an der Küste

Dieser Ort ist eine einzige Offenbarung. Er ist winzig, liegt wunderbar, ist umgeben von feinen Sandstränden und hat eine der wichtigsten Sehenswürdigkeiten der Costa Brava in unmittelbarer Nähe: Die Ruinen von Empuriés sind die meistbesuchte Fundstätte in Katalonien. Gleich daneben liegt Sant Martí d'Empúries, früher eine Insel. Hier befand sich die Altstadt des damals griechischen Gebietes. Die Griechen wählten häufig Plätze an Gewässern, wie hier am Fluss Fluvià, für ihre Handelsniederlassungen.

Sant Martí d'Empúries thront auf einem Hügel und ist in der Hauptsaison ein belebter Ort mit viel Charme. Es gibt hier eine mittelalterliche Stadtmauer, die auf den Überresten griechischer Bauten errichtet wurde. Damals erlebte Sant Martí d'Empúries vermutlich seine bedeutendste Zeit, denn es wurde zum Mittelpunkt der Grafschaft Empúries. Hier lieferten sich verschiedene Herrscher ihre Gefechte.

Die wundervolle winzige Gemeinde verzaubert mit malerischen Gassen und fünf Lokalen auf dem Platz St. Martí, der nicht zu verfehlen ist (zu empfehlen ist hier das Restaurant »La Terrassa«), außerdem mit einer Kirche aus dem 16. Jahrhundert und einem Forsthaus. Dieses wurde im Stil des katalanischen Modernisme gebaut und liegt direkt am Meer. Ein bekannter spanischer Architekt dieser Stilrichtung, Josep Puig i Cadafalch, war eine der treibenden Kräfte bei den Ausgrabungen von Empuriés und stellte 1908 seine Pläne zur Freilegung der Ruinen vor. Der Förster dagegen kümmerte sich vorrangig darum, das Eindringen der Dünen in die Gegend von Empúries zu verhindern, um dieses Erbe für die Nachwelt zu erhalten.

Links und rechts neben dem Ort liegen herrliche Sandstrände, die selbst in der Hauptsaison nicht zu voll sind, und nette Strandbars. Ein Fahrrad- und Fußweg, der Passeig Dr. Pi i Llussà, führt von L'Escala an den Ruinen vorbei nach Sant Martí d'Empúries und weiter nach San Pere Pescador.

Adresse Sant Martí d'Empuriés, 17130 L'Escala | **Anfahrt** Von San Pere Pescador aus führt eine kleine Straße parallel zum Meer (Richtung Camping Dunas). Von L'Escala über die GI-623 Richtung San Pere Pescador. Von der C-31 auf die GI-623, führt direkt nach St. Martí. | **Tipp** »La Terrassa de Moli Grec« liegt direkt am Strand gegenüber den Ruinen. Hier den ersten Wein oder das erste Bier zu trinken und dem Abend entgegenzugehen, ist wunderbar.

SANT MARTÍ SACALM

99 Die Alm
Absolute Einsamkeit

Eine Alm an der Costa Brava? Für viele kaum vorstellbar. Doch im Hinterland gibt es einige Bergdörfer, die sich vom Alpenvorland kaum unterscheiden. Eins davon ist Sant Martí Sacalm in der Nähe von Anglès, am Rande des Nationalparks La Garrotxa. Hier erscheint es nahezu unfassbar, dass sich die Menschen nur circa 40 bis 50 Kilometer entfernt an den Stränden der Costa Brava drängeln. Denn hier drängelt niemand. Keine Menschenseele. Es gibt zwei Höfe und eine einsame Bar, Wiesen und Weiden, Bäume, Büsche und einsame Wege. Und sensationelle Ausblicke. Eine schroffe Felswand ragt in scheinbar greifbarer Nähe hervor. Ein Berg, wie er nur selten zu sehen ist, denn seine »Spitze« ist absolut flach. Ein wenig erinnert er an den Tafelberg in Kapstadt. Es ist der Puig Sigal, mit einer Höhe von 836 Metern.

In Sant Martí Sacalm fühlt sich der Besucher wie auf einer Alm in den Alpen – aber es handelt sich um das spanische Hinterland, gerade mal 35 Kilometer von Girona entfernt. Trotzdem beträgt die Fahrtzeit mehr als eine Stunde, denn der Weg nach Sant Martí Sacalm schlängelt sich gemächlich in die Höhe. Er beginnt in Amer, einem Ort zwischen Olot und Anglés an der C-63. Kurz hinter der Feuerwache ist er ausgeschildert. Die Straße windet sich in Serpentinen in die Höhe und Einsamkeit. Hier ist die Landschaft hügelig und sehr grün. Das Hinterland der Küste bringt jeden Besucher zum Staunen, denn die Üppigkeit der Natur ist unerwartet, die Ruhe unglaublich. Unterwegs gibt es eine Quelle, an der sich Wanderer oder Radfahrer, die hier vereinzelt zu finden sind, erfrischen können. Wälder liegen links und rechts der Fahrbahn, zwischendurch gibt es freie Plätze, von denen aus das Tal und die umliegenden Hügel zu sehen sind. Und am Ende der Straße findet sich die kleine »Alm« Sant Martì Sacalm mit Ausblicken, die glücklich und zufrieden machen, und einer Ruhe, die nichts zu wünschen übrig lässt.

Adresse 17171 Sant Martí Sacalm | **Anfahrt** Von der C-63 zwischen Anglès und Olot, ab Amer ist Sant Martí Sacalm ausgeschildert. | **Tipp** Von Anglès aus gibt es einen Wanderweg zum Heiligtum Santa Barbara »Ermita i Santurari de Santa Bárbara«. Der Wanderweg beginnt am Parkplatz.

SANT MARTÍ VELL

100 Die Einsiedelei der Engel
Himmlische Aussicht

Einsam, solitär und abgeschieden vom Trubel an der Costa Brava lebten hier einst die Mönche des Klosters Santuari dels Àngels. Das ist lange her, doch entrückt ist es immer noch. Die Einsiedelei liegt 484 Meter hoch auf dem Puig Alt, einem Ausläufer des Gavarres-Bergmassivs. Das Bergheiligtum bietet einen außergewöhnlichen Blick auf diese eher liebliche Gegend mit grünen Tälern und Wäldern, von hier bieten sich kilometerweite Ausblicke. Bei klarer Sicht ist das Montseny-Gebirge bis zur Küste und zu den Ausläufern der Pyrenäen zu sehen. Neben der Kirche gibt es ein Café und eine riesige Aussichtsterrasse. Am äußersten Ende steht ein Richtungsweiser, auf dem viele Orte der Region zu finden sind.

Früher war die Einsiedelei ein beliebter Wallfahrtsort. Aber auch Trauungen fanden hier statt. Die berühmteste war die von Salvador Dalí und seiner Gala im Jahr 1958 (kurioserweise 24 Jahre nach ihrer Hochzeit). Heute ist Santuari dels Àngels vor allem ein Ausflugsziel für die vielen Radfahrer, die die Küstenregion für sich entdeckt haben. Einer der berühmtesten von ihnen war der wegen Dopingfällen umstrittene Profiradsportfahrer Lance Armstrong, der lange in Girona lebte und die Strecke zum Trainieren nutzte.

Die Straße führt von Girona herauf und Richtung Madremanya hinunter (oder umgekehrt) und ist auch bei Wanderern beliebt. Es ist eine langsam ansteigende, einsame Straße. Das ehemalige Kloster dient inzwischen als Hotel. Die Zimmer sind einfach eingerichtet, und es gibt vernünftiges Essen. Und dann gibt es noch eine Kapelle: Sie ist schlicht und erstaunlich hell und geräumig. Im Zentrum ist eine Marienfigur zu sehen, die von hinten durch ein Fenster vom Sonnenlicht beleuchtet wird und dadurch wie eine Erscheinung anmutet. Santuari dels Àngels war einst eines der meistbesuchten Heiligtümer in der Region Girona.

Adresse Santuari dels Àngels, Carretera dels Àngels, 17462 Sant Martí Vell | **Anfahrt** GIV-6703 von Girona Richtung Madremanya oder umgekehrt | **Tipp** Madremanya ist eins der Dörfer der Mittelalterroute und schnell zu Fuß zu durchlaufen. Aber auch Sant Martí Vell ist sehenswert und hat nette Lokale.

101 Die Bar Che

Am Strand von Aiguamolls

Hier am Strand, nicht weit von Sant Pere Pescador entfernt, kann man den Abend in einem Chiringuito an einem wirklich coolen Ort mit einem der hier berühmten Mojitos, Caipirinhas oder einem eisgekühltem Bier beginnen. Nette Musik gibt es auch. Chiringuito, so nennen sich hier die Strandbars, die wie kleine Buden oft nur über die Sommermonate nicht weit vom Meer entfernt aufgebaut werden. Dieser spezielle liegt inmitten von Sand mit herrlichem Blick über die Weite der Küste. Ein bisschen scheint es, als sei man am Ende der Welt angelangt.

Unter hellen gespannten Segeln sitzt man auch tagsüber schön im Schatten, und ein leichter Wind geht eigentlich immer. Man kann den Leuten am Meer beim Surfen und Kitesurfen zusehen oder sich einfach nur ein wenig von der Sonne erholen. Zum Sitzen laden Surfbretter ein – damit auch dem Letzten klar wird, was man an diesem Strand macht: auf den Wellen reiten! Durch die Breite der feinen Sandstrände hier entsteht ein besonderer Eindruck von Weite, der Blick ist vollkommen unverbaut, so hat alles einen ganz besonderen Reiz.

In der Nähe befindet sich der Naturpark Aiguamolls. Weil die Artenvielfalt in der Region durch den Tourismus gefährdet war, wurde dieses Gebiet mit seinen Dünen und Lagunen 1983 dank einer Kampagne zum Naturschutzgebiet erklärt. Ein Teil des Naturparks erstreckt sich zwischen den Mündungen der Flüsse Fluvià (im Süden) und Muga (im Norden). Dieser Teil bleibt während der Monate April bis Juni geschlossen, um die Nester der hier brütenden Vögel zu schützen. Vom Informationszentrum des Parks werden mehrstündige Rundgänge angeboten, auf denen von Unterständen aus vor allem Zugvögel auf den Lagunen beobachtet werden können, unter anderem Flamingos; insgesamt sind immerhin mehr als 300 Arten katalogisiert. Es sind Reisfelder zu sehen, Salzböden und Wanderdünen.

Adresse Che, 17470 Sant Pere Pescador, Tel. +34 946/088286 | **Anfahrt** Bar Che zu erreichen von Sant Pere Pescador aus der GIV-6303 über den Fluss Fluvià folgen und dann weiter in Richtung Camping Las Palmeras und La Gaviota. | **Öffnungszeiten** täglich ab 12 Uhr | **Tipp** In der Masseria »Mas Gusó« gibt es Wein, Obst und Gemüse zu kaufen. Das Familienunternehmen in der Nähe von Sant Pere Pescador hat außerdem zwei Restaurants.

102   Die Bucht Sa Riera
Gut gestrandet

Eine gute Eigenschaft der Bucht Sa Riera ist schon mal, dass man sie, wenn man erst einmal dort angelangt ist, im Grunde gar nicht mehr verlassen muss. Hier gibt es nämlich eigentlich alles, was man braucht, um herrliche und unbeschwerte Tage am Meer zu verbringen. Da sind die Wellen und ein feiner Kieselsand, das reicht für den Anfang ja schon mal. Tretboote oder Bretter zum Stand-up-Paddling können gemietet werden. Dann gibt es Restaurants, in denen man leckeren Fisch und Meeresfrüchte essen kann, einen gut sortierten Supermarkt, in dem es eine Menge Getränke, gute Backwaren und eine große Auswahl an Lebensmitteln gibt, zwei andere Lädchen, in denen man dies und das wie Strandbedarf, Postkarten und Ähnliches kaufen kann. Und einen Briefkasten gibt es auch. Sa Riera ist ein kleines Dorf. Es ist alles da, und trotzdem hat es eben noch den Charme einer Bucht, die den Besucher nicht in die »touristische Zwangsjacke« steckt.

Irgendwie geht es hier locker zu, woran das liegt, ist gar nicht so einfach auszumachen. Schon die zwei Bars direkt am Strand sind einfach nett. Davor liegen breite, in Stufen hinabgehende Holzbohlen. Sie enden am Strand und bieten viel Platz zum Sitzen, Sonnen, Lesen und verleihen der Bucht Großzügigkeit. Rechts liegt eine ganze Reihe von kleinen Booten mit Holzmasten. Alles sieht einfach schön aus! Auf beiden Seiten der Bucht findet sich die typische Vegetation der Costa Brava: Felsen, Pinien und Sträucher. Einige Häuser mit zum Teil phantastischen Aussichten stehen dort ebenfalls.

Ganz in der Nähe befindet sich auch der »Strand zur roten Insel«, die Illa Roja. Hierbei handelt es sich um einen besonders schönen Nacktbadestrand. Der Name stammt von dem rötlich schimmernden Felsen, der die Bucht in zwei Abschnitte teilt. Zu erreichen ist die Bucht über einen Weg von Sa Riera oder Playa de Pals aus. Im Sommer gibt es dort ein kleines und sehr leckeres Restaurant.

Adresse Bucht Sa Riera, 17255 Sa Riera | **Anfahrt** Von Begur über die GIV-653 den Ort Begur umfahren. Sa Riera ist ausgeschildert. | **Tipp** Relativ günstig und einfach ist das Hotel »Es Bas«. Die Zimmer ab der ersten Etage haben fast alle einen herrlichen Blick zum Meer. Das Hotel bietet gute Fischgerichte direkt an der Promenade.

TORRENT

103 — Das Konfitürenmuseum
Zitronengelee und Erbsenminzeaufstrich

In Torrent, einem kleinen Örtchen nahe La Bispal, befindet sich das einzige Konfitürenmuseum Kataloniens. Mit einem klassischen Museum hat das aber eigentlich nichts zu tun. Vielleicht würde man es heute eher als Marmeladenmanufaktur bezeichnen. Georgina Regàs ist keine unbekannte Größe in der Region. Die unternehmungslustige Dame hat bereits viele Kochbücher geschrieben und setzt sich seit langer Zeit schon für die Erneuerung der katalanischen Küche ein. Vor Jahren hatte sie in Frankreich ein Schokoladenmuseum besucht und sich anschließend gefragt, warum sie so etwas eigentlich nicht auch für Konfitüren schaffen könne. Denn die kochte sie schließlich schon seit vielen Jahren, um sie an Restaurants und Feinkostläden zu verkaufen.

Am 24. Juli 2004 war es dann so weit: Das »Museu de la Confitura« öffnete zum ersten Mal seine Türen! In einem schnörkellosen Gebäude, das in den Farben des Südens gestrichen ist, befinden sich zwei Verkaufsräume mit Regalen, gefüllt mit den verschiedensten Konfitüren, und gleich daneben, nur durch eine große Glasscheibe voneinander getrennt, ist die Küche. Dort stehen zwei Damen mit weißen Hauben auf dem Kopf, kochen Früchte, aber auch Tomaten, Paprika oder Kürbis ein und füllen das Ganze durch große Trichter in die schön beschrifteten Gläser. Die Vielfalt der Geschmacksrichtungen ist überwältigend: von Pflaume und Orange, über Tee- und Zitronen-Cavagelee bis hin zu Kartoffelmandel-, Erbsenminze-, Zwiebel- oder Tomatenaufstrichen.

Nachhaltig wird ebenfalls gedacht: Der alte Brauch, Gläser im Laden zurückzunehmen und neu zu verwenden, wurde hier wieder eingeführt. Bringt man fünf leere Gläser zurück, erhält man als Dankeschön ein gefülltes dafür. Und Kochkurse werden angeboten, um alte und neue Rezepte weiterzugeben. 2014 feierte das Museum sein zehnjähriges Bestehen. Ein Besuch der Konfitürenmanufaktur lohnt sich: unbedingt hinfahren!

Adresse Plaça Major, 17123 Torrent, Tel. +34 972/304744, www.museuconfitura.com | **Anfahrt** Von Palafrugell auf der C-66 kommend rechts abbiegen auf die GI-652 Richtung Torrent (direkt am Ortseingang). | **Öffnungszeiten** Juli, Aug. Mo–Sa 10–14 und 17–21 Uhr; Nov.–März Di–Fr 9–17 Uhr, Sa 9–14 und 17–20 Uhr; April, Mai, Juni, Sept. und Okt. Di–Sa 9–14 und 17–20 Uhr | **Tipp** Wer vergleichen möchte, sollte die Marmeladen von Can Bech, einer Firma aus Fontaniles, probieren. Empfehlenswert sind die süßen Saucen zum Käse.

104 __ Genussvolle Orte
Liebe auf den zweiten Blick

Torroella de Montgrí ist ein Ort für den zweiten Blick. Im Schatten des Berges Montgrí gelegen, der im Baix Empordà von vielen Seiten aus zu sehen ist und immer wieder im Blickfeld auftaucht, gehört dieses kleine Städtchen nicht zu den wichtigsten Sehenswürdigkeiten der Costa Brava. Dennoch besticht es durch einige Besonderheiten, die nicht zuletzt mit Genuss zu tun haben. So lebt der Ort in erster Linie von der Landwirtschaft, gefolgt vom Handel. Die Umgebung ist äußerst fruchtbar und beschert der Gemeinde neben dem großen Wochenmarkt, der immer am Montagvormittag in der Carrer Riu Ter stattfindet, viele Geschäfte mit Köstlichkeiten der Region.

Das Zentrum von Torroella de Montgrí liegt um die Plaça de la Vila herum. Von hier gehen die wichtigsten Straßen ab: Carrer d'Ullà, Carrer Primitiu Artigas, Carrer Major und Carrer de L'Esglesia. Besonders interessant ist das Angebot in der Carrer d'Ullà. Hier liegen direkt gegenüber dem Mittelmeermuseum (Museu della Mediterrana) der Fischladen »Peixateria Joan Riembau« und die Metzgerei »Carnisseria Ferran Pujol«. An diesen beiden Geschäften sollte keiner einfach vorbeilaufen. Es ist eine Freude, den Frauen vor und hinter der Fischtheke zuzusehen und mitzuerleben, mit welchem Kennerblick die Kundinnen auswählen und mit welcher Freundlichkeit die Verkäuferinnen nur das Beste für sie aussuchen. Ganz ähnlich geht es in der angrenzenden »Carnisseria Ferran Pujol« zu. Geduldig, freundlich und hilfsbereit geht der Metzger auf seine Kunden ein – selbst auf die, die nur staunend zusehen oder die berühmte Botifara-Wurst fotografieren. Ja, es gibt sie noch: Metzger, die Lust auf Fleisch und Wurstwaren machen. Die ihre Produkte sorgsam auswählen und vor allem präsentieren. Ein absolutes Musterbeispiel und dazu noch köstlich.

Auch im weiteren Verlauf der Carrer d'Ullà ist noch einiges zu entdecken. Was für eine delikate Straße!

Adresse Carrer d'Ullà, 17257 Torroella de Montgrí (Nummer 31: Mittelmeermuseum, Nummer 32: Ferran Pujol, Nummer 34: Joan Riembau) | **Anfahrt** Die C-31 von Verges oder Pals führt in und durch den Ort. Die Carrer d'Ullà zweigt davon ab. | **Tipp** Unbedingt auch in der Straße d'Ullà die Pastisseria Batlle ansehen und weitere süße Delikatessen mitnehmen.

105_Matsata

Halsketten in Bilderrahmen

Hinter diesem etwas merkwürdigen Namen verbirgt sich ein Laden in Torroella de Montgrí, der erstens schön aussieht und in dem es zweitens viele nette Kleinigkeiten zu kaufen gibt. Die Carrer Primitiu Artigas ist so eine Art Haupteinkaufsstraße des Ortes und führt einmal quer durch die Altstadt. Und hier befindet sich auch die Boutique Matsata, die ihre Türen zum ersten Mal 2011 öffnete.

Betritt man den Laden, liegt gleich linker Hand der Verkaufstresen. Die Wände sind weiß gekalkt oder zeigen noch die ursprünglichen Natursteinmauern. Überall ist es nett dekoriert, unter anderem mit Playmobil-Figuren. Halsketten und Armbänder hängen in Bilderrahmen oder über kleinen Tontöpfen und kommen so gut zur Geltung. Durch Bögen betritt man den nächsten Raum, alles ist ziemlich verwinkelt und etwas höhlenartig. An der Wand hängen in Nischen oder an Kleiderständern Tücher, Gürtel und Kleidungsstücke, es gibt Ledertaschen, Ohrringe und Mützen. Doch es sind nicht die üblichen Sachen, die es zu kaufen gibt, sondern etwas außergewöhnlichere und qualitativ hochwertige.

Matsata gehört zum Unternehmen der Weinhandlung »Mas Gusó« in Sant Pere Pescador. Deren Inhaber betrieben früher ganz traditionell Ackerbau, entdeckten aber in den 80ern im Direktverkauf von Obst und Gemüse, vor allen Dingen an Touristen, eine Marktlücke. Heute gehören zu Mas Gusó ein Restaurant, ein Obst- und Gemüseladen, der auch regionale Produkte anbietet, eine Bar und außerdem »Souq«, ebenfalls eine sehr schöne Boutique und der Vorläufer des Ladens in Torroella de Montgrí. Souq legte von Anfang an Wert auf Originalität, manchmal auch handgemachte, und verkauft ebenfalls Mode und Accessoires vieler verschiedener Designer. Mittlerweile vertreiben beide Boutiquen auch übers Internet. Es ist aber viel reizvoller, sich den Laden selbst anzusehen und in den schönen Dingen zu kramen. Im Gegensatz zu Souq hat Matsata das ganze Jahr über geöffnet!

Adresse Matsata, Carrer Primitiu Artigas, 8, 17257 Torroella de Montgrí, www.matsata.com | **Anfahrt** C-31 über Verges oder Pals. Die Boutique befindet sich im Zentrum, und die Carrer Primitiu geht von der Plaça de la Vila ab. | **Öffnungszeiten** Mo–Sa 10–13.30 und 17–20.30 Uhr | **Tipp** Eine außergewöhnliche Tour durch Torroella de Montgrí zu ungewöhnlicher Zeit (um 22 Uhr) heißt »Zauberhaftes Torroella«. Geschichten aus und Legenden über die Stadt werden erzählt und gezeigt. Infos dazu gibt es im Mittelmeermuseum.

TORROELLA DE MONTGRÍ

106 — Die Sardana
Der heilige Sant Antoni

Im Zentrum von Torroella de Montgrí, auf der Plaça de la Vila, befindet sich nicht nur das mittelalterliche Rathaus, sondern auch die kleine Kirche Sant Antoni und schöne Arkadengänge. Gleich links vom Glockenturm der Kirche ist eine Nische, in der eine Figur des gleichnamigen Heiligen zu sehen ist und zu seinen Füßen ein kleines Schwein. Der heilige Antonius ist nämlich Schutzpatron der Bauern und ihrer Nutztiere, der Metzger und Schweinehirten. 1844 konnte er von seiner erhabenen Position aus einem ganz besonderen Ereignis beiwohnen: Hier, auf diesem Platz vor der Kirche, die aus dem 13. Jahrhundert stammt, soll nämlich zum ersten Mal die modernisierte Form der Sardana aufgeführt worden sein.

Bei der Sardana handelt es sich um einen Reigentanz im Dreiviertel- oder Sechsachteltakt. Die einzelnen Schritte scheinen einfach zu sein. Alle fassen sich an den Händen, wer mittanzen möchte, kommt dazu und wird bereitwillig in den Kreis aufgenommen. So wird der immer größer, und nach und nach bilden sich neue, kleinere Kreise innerhalb des großen.

Das Ganze ist ein starker Ausdruck von Gemeinsamkeit und Miteinander und gleichzeitig eine eindrucksvolle Form der katalanischen Eigenständigkeit. Man kann sich der Wirkung beim Zusehen nicht entziehen. Franco war die Sardana verdächtig, wie alles Katalanische, und so ließ er sie auch lange Zeit verbieten. Das ist sicher einer der Gründe, warum sie heute mit so viel Ernsthaftigkeit getanzt wird.

Seit 1960 wird jedes Jahr eine Stadt in Katalonien zur Hüterin der Sardana-Tradition (katalanisch »Ciutat Pubilla de la Sardana«) ausgewählt, in der dann jeweils ein großes Fest stattfindet, unter anderem natürlich mit Sardanawettbewerben. Torroella de Montgrí war 1975 zuletzt Hauptstadt der Sardana. Da konnte der heilige Antonius auch zusehen, wie sich viele Katalanen zu ihrem Nationaltanz zusammenfanden. 2015 ist Calella Hauptstadt der Sardana!

Adresse Capella de Sant Antoni, Plaça de la Vila, 3, 17257 Torroella de Montgrí |
Anfahrt C-31 über Verges oder Pals. Die Plaça de la Vila ist mitten im Zentrum. |
Tipp Nicht nur Sardana ist sehenswert, sondern auch die Menschentürme »Castellers«. Zum Beispiel im Oktober in Girona (Fires de Sant Narcis).

107 — Die Casa Sans
Überwältigende Jugendstilvilla

Tossa de Mar steht als Muss in jedem Reiseführer über die Costa Brava. Als besonders sehenswert galt die Burg am Ende der Bucht. Doch so malerisch wie einst ist es hier längst nicht mehr, seitdem der Massentourismus Einzug gehalten hat. An der Strandpromenade befinden sich viele Hotels, die dem Ort das ehemals Romantische genommen haben. Doch ein Gebäude hat sich den Charme vergangener Zeiten bewahrt: die Villa Sans beziehungsweise das Hotel Diana.

Das Haus wurde 1906 für Joan Sans gebaut und besitzt so zahlreiche Elemente des Jugendstils, dass es dem Besucher einige Bewunderung entlockt. Wasserspeier versinnbildlichen die vier Jahreszeiten, wunderschöne Kacheln und Mosaike, schmiedeeiserne Verzierungen und Wandmalereien finden sich auf den Innen- und Außenwänden, es gibt bunte Glas- und Keramikmalereien und vieles mehr. Von Tossas Strandpromenade aus betrachtet, fällt das Gebäude, in dem sich heute das Hotel Diana befindet, durch sein makelloses Weiß auf, das mit hübschen Ornamenten verziert ist. Die Zimmer des Hotels sind leider nicht so schön wie das restliche Gebäude, dafür auch nicht sehr teuer.

Der Architekt Antoni de Falguera aus Barcelona hatte die Casa Sans einst entworfen. Er war ein Vertreter des katalanischen Jugendstils, des Modernisme, später Noucentisme. Zeugnis davon geben nicht zuletzt im Inneren des Gebäudes das von ihm entworfene Zierwerk, die Glasfenster mit pflanzlichen Elementen und der große Kamin. Falguera war stark beeinflusst von den Ideen Gaudís und anderer Architekten des Jugendstils. Er baute viele weitere Wohnhäuser in diesem Stil, aber auch Schulgebäude und Markthallen.

Als im Jahr 1930 die Casa Sans in den Besitz der Familie Vilallonga überging, wurden die Marmortreppe und der Brunnen im Patio ergänzt. Heute gehört das Gebäude zu den Kulturdenkmälern des Ortes und ist ein Muss für Jugendstilliebhaber.

Adresse Hotel Diana, Plaça de Espana, 6, 17320 Tossa de Mar, Tel. +34 972/341886, www.hotelesdantes.com | **Anfahrt** Nach Tossa de Mar führen die Straßen GI-682, GI-681, die Avenida Costa Brava führt zur Strandpromenade »Passeig del Mar«, wo sich das Hotel befindet. Eingang über Plaça de Espana. | **Tipp** Am 6. Januar findet in Tossa de Mar das »Fest des Fischers« statt. Traditionell gibt es dann Havaneres-Singen, Cremat (mit Rum flambierter Kaffee), gegrillte Sardinen, Tomatenbrot und Wein.

108 Die Skulptur von Ava Gardner

Der eifersüchtige Frank Sinatra

In den 1950er Jahren war Tossa de Mar ein beschauliches Plätzchen an der Costa Brava. Es lässt sich kaum noch vorstellen, wie schön es damals gewesen sein muss: das so unvergleichlich blaue Meer, die grünen Pinien, am Himmel scheint die Sonne und taucht die Welt in dieses ganz besondere Licht. Es gab noch keine Ausflugsboote, kaum Touristen, wenig Verkehr, keine Hotels …

Im Jahr 1951 kam die damals weltberühmte Hollywood-Schauspielerin Ava Gardner zu Dreharbeiten für den Film »Pandora« nach Tossa de Mar. Dieses Datum war der Beginn des stetigen Aufstiegs des kleinen Ortes zum Stern am Touristenhimmel. Auch Ava Gardner gefiel es in Spanien; sie selbst war eine Farmerstochter, hatte einen sehr direkten und forschen Ton und fühlte sich von der Ursprünglichkeit der rauen Küste angezogen. Später ging sie einige Zeit nach Madrid, lernte Ernest Hemingway kennen, besuchte Stierkämpfe und verliebte sich in einen Matador. Im Jahr 1951 muss Ava Gardner eine tolle Zeit in Tossa verbracht haben. Mit ihrem Filmpartner Mario Cabré soll sie sich ein wenig zu gut verstanden haben. Der eifersüchtige Frank Sinatra, ihr Ehemann, der angeblich die Liebe ihres Lebens war (so schrieb sie es selbst in ihrer Autobiografie), kam schnell angereist, um sie den Armen dieses Konkurrenten zu entreißen. Das klingt fast nach Hollywood. Gardner trennte sich dennoch 1957 von Sinatra und zog nach Spanien.

Auf dem Kap von Tossa erhebt sich von Mauern umgeben die Altstadt, »la Vila Vella«. Nur wenige Gehminuten vom heutigen Zentrum entfernt steht sie noch heute: Ava Gardner, als etwas kitschige und gar nicht auf den ersten Blick wiederzuerkennende Skulptur. Nicht so hinreißend schön wie im wirklichen Leben. Doch die Aussicht, die sie von hier aus hat, ist immer noch umwerfend. Die Skulptur vonCió Abellí wurde im August 1998 enthüllt.

Adresse Vila Vella, 17230 Tossa de Mar, unterhalb des Castillo de Tossa | **Anfahrt** Nach Tossa de Mar führen die Straßen GI-682, GI-681, die Avenida Costa Brava führt zur Strandpromenade »Passeig del Mar«, von der aus die in allen Reiseführern beschriebene Burg von Tossa de Mar zu sehen ist. | **Tipp** In der Region gibt es sehenswerte Festungen wie die Burg Montsoriu oder Hostalric (in Richtung Barcelona beziehungsweise ins Landesinnere).

ULLASTRET

109_Die alte Siedlung
Mit wunderbarer Lage und Sicht

Auf dem Hügel Puig de Sant Andreu bei Ullastret liegt eine uralte Siedlung aus den Tagen der Iberer. Von hier aus ist die ganze Umgebung zu überblicken. Die hügelige Landschaft des Baix Empordà erstreckt sich vor dem Besucher, und in der Ferne liegen die Pyrenäen mit ihren Schneespitzen, die oft auch während der Sommermonate gut zu sehen sind. Das Korn auf den Feldern ringsum wiegt im Wind, der über die Landschaft streicht. Früher gab es hier auch einen See. Aber der wurde vor ungefähr 100 Jahren trockengelegt und in Ackerland verwandelt. Bei Feldarbeiten wurde die Siedlung entdeckt; systematische Ausgrabungsarbeiten gab es jedoch erst ab 1947. Kommt es zu sehr starken Regenfällen, füllt sich das ehemalige Becken noch manchmal mit Wasser. Der Fluss Daró, der in der Nähe fließt, war früher schiffbar; von hier aus hatten die Iberer eine Anbindung zum Meer. Äußerst fruchtbar muss die Landschaft damals gewesen sein.

Auf einem Rundgang durch die Siedlung von Ullastret entdeckt man die noch erhaltenen Mauern von Wohnhäusern, Zisternen und mehrere Kornsilos. Bei Letzteren handelt es sich um große, in die Felsen eingelassene Löcher, in denen vor über 2.000 Jahren das Korn gesammelt wurde. Im 2. Jahrhundert v. Chr. wurde die Siedlung schließlich aufgegeben. Die nahe gelegene griechische Gründung Empúries, die ebenfalls zu besichtigen lohnt, war eine zu übermächtige Konkurrenz geworden, und die Römer befanden sich ebenfalls auf dem Vormarsch.

Dort, wo früher die Akropolis stand, befindet sich heute ein Museum. Hier kann man mehr über die Verbreitung der Iberer in Katalonien erfahren und sich eine Folie mit ihren alten Schriftzeichen ansehen; was dort steht, wurde allerdings bis heute nicht entschlüsselt. Hinter dem Museum stehen unter schattenspendenden Bäumen einige Bänke, von denen aus man wieder einen schönen Blick in die Umgebung hat.

Adresse MAC Ullastret, Afores, Puig de Sant Andreu, 17114 Ullastret | **Anfahrt** Von La Bisbal d'Empordà Richtung Palafrugell geht gleich links die GI-644 Richtung Ullastret ab. Die alte Siedlung ist ausgeschildert. | **Öffnungszeiten** Juni–Sept. Mo, Mi–So 10–20 Uhr; Okt.–Mai Di–So 10–14 und 15–18 Uhr | **Tipp** In Ullastret gibt es selbstredend auch das passende Lokal, das Restaurant Iberic, und eine alte romanische Kirche zu sehen.

110_Der Käse der Costa Brava

Eine besondere Errungenschaft

Die Geschichte des Käses an der Costa Brava beginnt eigentlich mit einer Plage. Ende des 19. Jahrhunderts hatte die Reblaus unendlich viele Felder und Weinreben in der Region zerstört, und die Bauern im Empordà mussten umdenken. Wie so oft entstand aus einer Not heraus etwas Neues und auch Einzigartiges. Statt auf den Wein- und Weizenanbau wurde nun auf die Herstellung von Käse aus Kuh- und Schafsmilch gesetzt.

Inzwischen sind viele verschiedene Sorten mit den unterschiedlichsten Herstellungstechniken entstanden: Ein Käse wird aus pasteurisierter Kuhmilch hergestellt und anschließend für mindestens 45 Tage in Höhlen zur Reifung gelagert. »Mató« ist eine Quark-Frischkäse-Variante und in den meisten Orten zu bekommen. Ähnlich ist »Recuit de Drap«, eine Spezialität aus dem Empordà. Beide Sorten finden sich auch in vielen Restaurants als Nachspeise. Es gibt Ziegen-, Kuh-, Schafs- oder Hirtenkäse in den unterschiedlichsten Ausführungen, wie zum Beispiel in Kräutern oder Olivenöl eingelegt. »Tupí« ist ein kräftiger und würziger Käse, der in erster Linie in den Pyrenäen hergestellt wird.

Aus der Vulkanregion Garrotxa kommt ein Käse mit schwarzer Rinde in Form eines Vulkans: »Volcanet Madurat de Cabra« – ein ideales und durchaus genießbares Souvenir. Hier war die Herstellung von Käse fast zum Erliegen gekommen, doch mit dem zunehmenden Katalonien-Tourismus stieg die Nachfrage wieder. Schimmelrindenkäse, der aus pasteurisierter Ziegenmilch hergestellt wird und nach der Gerinnung mindestens drei Wochen lagern muss, ist am beliebtesten. Dank des stetig wachsenden Tourismus gibt es inzwischen auch schon eine Käse-Route durch Katalonien. Im Empordà sind Käsereien wie »La Nuri« in Ullastret oder »Recuits de L'Empordà« in Perelada zu besichtigen.

Adresse Recuits Ca la Nuri, C/Valls 2, 17133 Ullastret (außerdem Recuits in Fonteta oder Recuits de L'Empordà in Peralada) | **Anfahrt** Ullastret liegt zwischen La Bisbal und Torroella de Montgrí und ist über die GI-644 zu erreichen. Die Käserei befindet sich in Richtung Cruilles. | **Öffnungszeiten** Mi 10–13 und 16–18 Uhr | **Tipp** Im September findet in Llado die Käsemesse »Fira del formatge« statt, auf der viele Käsereien ihre Produkte präsentieren (N-260 von Figueres Richtung Navata und dann auf die GIP-5239 Richtung Llado).

VILAJUÏGA

111 Das Castell de Quermançó

Ein musikalischer Wind

Niemand, der an der Costa Brava unterwegs ist, kommt an Salvador Dalí vorbei. Er lebte und wirkte hier und hinterließ vielfältige Spuren. Er war mit der Costa Brava und der Natur verbunden und liebte sie. So auch ein einzigartiges Naturphänomen, das hier immer wiederkehrt: die Tramuntana, ein starker Wind, der von Nordwesten aus den Pyrenäen kommt und die Landschaft prägt. Anderswo heißt er Tramontana, mit einem »u« geschrieben wird er nur in Katalonien, und nach ihm sind hier auch viele Straßen und Lokale benannt.

Die Tramuntana ist ein sehr heftiger Wind – ein Wind, der schon viele verrückt gemacht haben soll. Selbst starke Böen reichen noch nicht an seine Stärke heran. Salvador Dalí hatte eine ganz besondere Idee, wie er sich die Stärke des Windes zunutze machen könnte. Er liebte das Castell de Quermançó, nahe dem Dorf Vilajuïga, und wollte hier eine Orgel errichten lassen, die Musik nur durch die Wirkung des Tramuntana erzeugen sollte. Das Geschäft kam nicht zustande, denn Dalí bot einen zu niedrigen Preis für die Burg. Daraufhin entschied er sich für das Schloss in Púbol und schenkte es seiner verehrten Gala. Aus der Tramuntana-Orgel wurde zwar nichts, doch das Castell taucht auf zweien seiner Gemälde auf.

Um das Castell de Quermançó ranken sich aber noch weitere Legenden: Unter anderem soll der Heilige Gral einmal hier versteckt gewesen sein, und eine goldene Ziege befindet sich angeblich noch in unterirdischen Gängen …

Die Ruine liegt beeindruckend auf einem solitär in der Landschaft stehenden, schroffen Felsen (auf ungefähr 120 Metern). So können alle Winde kräftig durch die Burgruine pfeifen. Auch der heutige Eigentümer hat die Idee mit der Windorgel noch im Kopf, doch bisher wurden die Pläne nicht realisiert. Seit 2010 kann die Ruine aber wieder besucht werden.

Adresse Castell de Quermançó, 17493 Vilajuïga | **Anfahrt** Von der N-26 zwischen Figueres und Llanca Richtung Vilajuïga abbiegen. Die Burgruine ist sofort zu sehen. | **Öffnungszeiten** Centre d'Acollida Turistica in Vilajuïga bietet Führungen an: Passeig de Catalunya, Tel. +34 972/530977, catvilajuiga@vilajuiga.cat, Di–Sa 10–17 Uhr | **Tipp** Von Vilajuïga gibt es eine ausgeschilderte Straße (GIP-6041) zum Kloster San Pere de Rodes mit herrlichen Ausblicken auf die Küste.

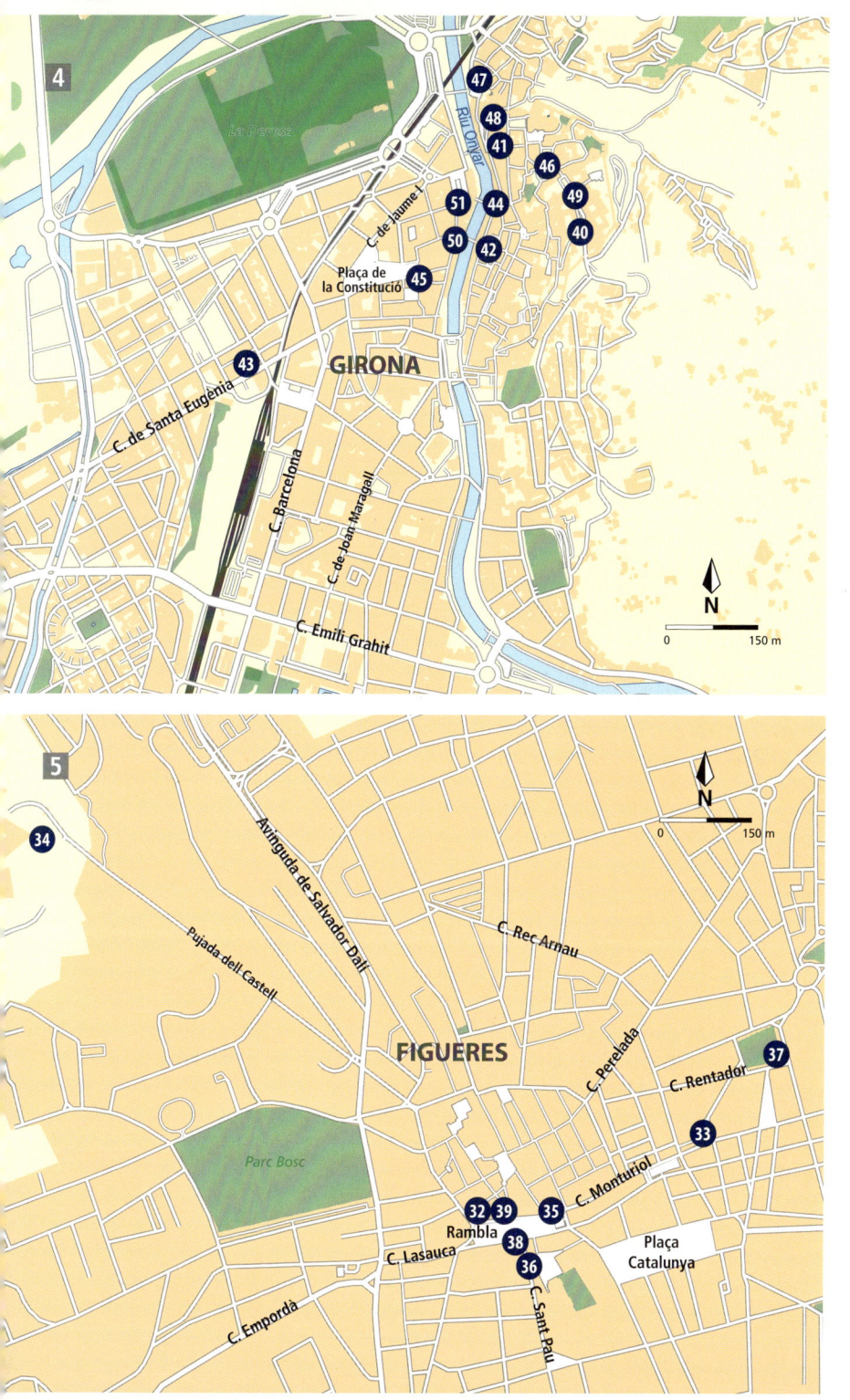

Rüdiger Liedtke
111 Orte auf Mallorca, die man gesehen haben muss
ISBN 978-3-89705-975-7

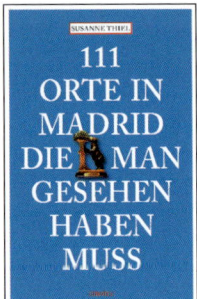

Susanne Thiel
111 Orte in Madrid, die man gesehen haben muss
ISBN 978-3-95451-118-1

Ralf Nestmeyer
111 Orte in der Provence, die man gesehen haben muss
ISBN 978-3-95451-094-8

Peter Eickhoff
111 Orte in Wien, die man gesehen haben muss
ISBN 978-3-89705-969-6

Stefan Spath
111 Orte in Salzburg, die man gesehen haben muss
ISBN 978-3-95451-114-3

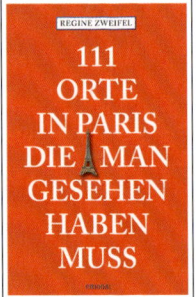

Regine Zweifel
111 Orte in Paris, die man gesehen haben muss
ISBN 978-3-89705-823-1

Dirk Engelhardt
111 Orte in Barcelona, die man gesehen haben muss
ISBN 978-3-95451-066-5

John Sykes
111 Orte in London, die man gesehen haben muss
ISBN 978-3-95451-117-4

Annett Klingner
111 Orte in Rom, die man gesehen haben muss
ISBN 978-3-95451-219-5

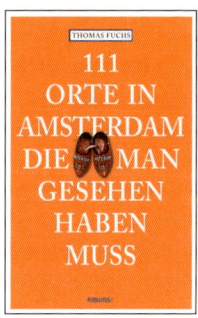
Thomas Fuchs
111 Orte in Amsterdam, die man gesehen haben muss
ISBN 978-3-95451-209-6

Stefan Spath, Gerald Polzer
111 Orte im Salzkammergut, die man gesehen haben muss
ISBN 978-3-95451-231-7

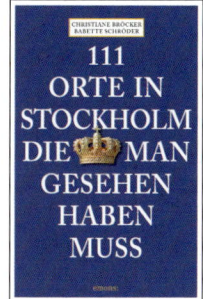
Christiane Bröcker, Babette Schröder
111 Orte in Stockholm, die man gesehen haben muss
ISBN 978-3-95451-203-4

Sabine Gruber, Peter Eickhoff
111 Orte in Südtirol, die man gesehen haben muss
ISBN 978-3-95451-318-5

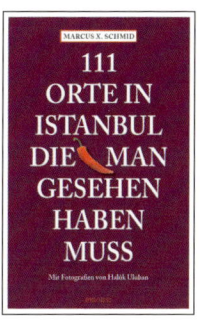
Marcus X. Schmid
111 Orte in Istanbul, die man gesehen haben muss
ISBN 978-3-95451-333-8

Gerd Wolfgang Sievers
111 Orte in Venedig, die man gesehen haben muss
ISBN 978-3-95451-352-9

Rüdiger Liedtke, Laszlo Trankovits
111 Orte in Kapstadt, die man gesehen haben muss
ISBN 978-3-95451-456-4

Eckhard Heck
111 Orte in Maastricht, die man gesehen haben muss
ISBN 978-3-95451-368-0

Petra Sophia Zimmermann
111 Orte am Gardasee und in Verona, die man gesehen haben muss
ISBN 978-3-95451-344-4

Lucia Jay von Seldeneck,
Carolin Huder, Verena Eidel
**111 Orte in Berlin, die
man gesehen haben muss**
ISBN 978-3-89705-853-8

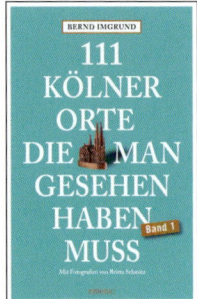

Bernd Imgrund
**111 Kölner Orte, die man
gesehen haben muss**
Band 1
ISBN 978-3-89705-618-3

Lucia Jay von Seldeneck,
Carolin Huder, Verena Eidel
**111 Orte in Berlin,
die Geschichte erzählen**
ISBN 978-3-95451-039-9

Rike Wolf
**111 Orte in Hamburg, die
man gesehen haben muss**
ISBN 978-3-89705-916-0

Gabriele Kalmbach
**111 Orte in Stuttgart, die
man gesehen haben muss**
ISBN 978-3-95451-004-7

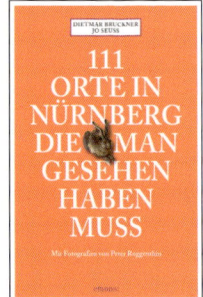

Dietmar Bruckner, Jo Seuß
**111 Orte in Nürnberg, die
man gesehen haben muss**
ISBN 978-3-95451-042-9

Rüdiger Liedtke
**111 Orte in München, die
man gesehen haben muss**
ISBN 978-3-89705-892-7

Rike Wolf, Tom Wolf
**111 Orte in Frankfurt, die
man gesehen haben muss**
ISBN 978-3-95451-342-0

Peter Eickhoff
**111 Düsseldorfer Orte, die
man gesehen haben muss**
ISBN 978-3-89705-699-2

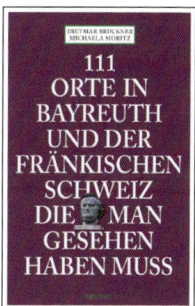

Dietmar Bruckner,
Michaela Moritz
111 Orte in Bayreuth und der Fränkischen Schweiz, die man gesehen haben muss
ISBN 978-3-95451-130-3

Alexandra und
Jobst Schlennstedt
111 Orte an der Ostseeküste, die man gesehen haben muss
ISBN 978-3-89705-824-8

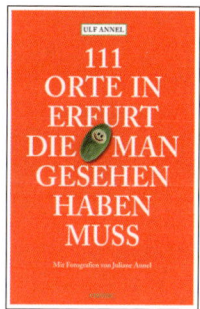

Ulf Annel
111 Orte in Erfurt, die man gesehen haben muss
ISBN 978-3-95451-022-1

Werner Schwanfelder
111 Orte in Mittelfranken, die man gesehen haben muss
ISBN 978-3-95451-336-9

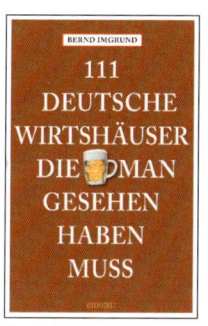

Bernd Imgrund
111 deutsche Wirtshäuser, die man gesehen haben muss
ISBN 978-3-95451-080-1

Cornelia Kuhnert
111 Orte in Hannover, die man gesehen haben muss
ISBN 978-3-95451-086-3

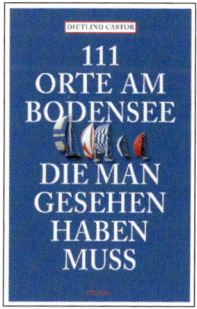

Dietlind Castor
111 Orte am Bodensee, die man gesehen haben muss
ISBN 978-3-95451-063-4

Daniela Bianca Gierok,
Ralf H. Dorweiler
111 Orte im Schwarzwald, die man gesehen haben muss
ISBN 978-3-89705-950-4

Bernd Imgrund
111 Orte in der Eifel, die man gesehen haben muss
ISBN 978-3-95451-003-0

Die Autorinnen

Dorothee Fleischmann arbeitet als Autorin für Literaturbeilagen, Reiseportale und Reiseführer, außerdem betreibt sie Pressearbeit und hat an diversen Buchprojekten mitgearbeitet. Sie lebt mit ihrem Mann und ihren Kindern in Berlin. Die Begeisterung für Spanien und die Costa Brava hat sie von ihrer Schwester Carolina Kalvelage übernommen, mit der sie gemeinsam die 111 Orte recherchiert und geschrieben hat.

Carolina Kalvelage hat lange Jahre als Mediengestalterin gearbeitet, bis es sie in die Welt hinauszog. Nach mehrjährigen Aufenthalten in Budapest, Wien und Madrid hat sie nun Barcelona und die angrenzende Küste der Costa Brava für sich entdeckt und ihre Schwester Dorothee Fleischmann darin eingeweiht.